汽车维修类专业实操手册

项目一
五挡同步器拆装与测量

学习目标

1. 掌握五挡同步器的组成及各部件的名称及作用。
2. 掌握五挡同步器的工作原理和工作特性。

技能目标

1. 能正确使用工具对五挡同步器进行熟练拆装,并对锁环齿轮背隙进行测量检查。
2. 会使用维修手册对锁环齿轮背隙测量值进行分析对比,得出结论。

情感目标

1. 培养学生良好的实践动手能力。
2. 培养学生系统化、流程化的工作思路和良好的职业素养。

内容结构

1. 手动变速器挡位实现的原理。
2. 同步器的结构。
3. 同步器的工作原理。
4. 五挡同步器的拆装。
5. 五挡同步器锁环齿轮背隙的测量。
6. 《五挡同步器拆装与检测》现场评分标准。
7. 《五挡同步器拆装与检测》考核工单。

学习任务描述

1. 在工作台上完成雪铁龙16 V手动变速器五挡同步器的分解与装配,合理选择拆装工具及量具。按照考核工单完成考试项目包括:拆解与清洁、锁环齿轮背隙的检测及五挡同步器的装复。

2. 合理选择工具、量具等。

3. 规范安全操作。

4. 规范填写考核工单。

理论知识准备

一、手动变速器的变速原理

二、同步器的工作过程

考纲分析

一、考试形式：拆装与检测（实操）

考试名称	考试方式	考试项目		考试时间	项目分值
专业知识考试	机考			60 分钟	150 分
技能操作考试	现场操作考试	必考项目	同步器拆装与检测	30 分钟	90 分
			发电机拆装与检查	60 分钟	170 分
		抽考项目（二抽一）	发动机气缸测量	30 分钟	80 分
			曲轴测量	30 分钟	80 分

1. 实操考试项目：同步器拆装与检测

(1)必考科目；(2)时长 30 分钟；(3)分值 90 分。

2. 考核要点

(1)实操现场分 50 分，试卷分 40 分。

(2)分值分布：

工、量具的合理选择 6 分

步骤正确 30 分；

测量填表 46 分；

规范安全 8 分。

二、考试要求

1. 本工位考核爱丽舍 1.6 L 手动变速箱五挡同步器拆装与检测。

2. 本试卷由四部分组成：工、量具的选择、五挡同步器拆解、解体后的检查测量、五挡同步器安装复原。

3. 请照试卷要求，由前往后完成规定操作，并将操作结果以及测量数据填写在试卷对应位置。

三、考试主要内容

项目一 五挡同步器拆装与测量

要求合理选择工具和量具，完成爱丽舍1.6 L手动变速箱五挡同步器的拆装与检测。包括现场分50分和考卷分40分，合计90分。

1. 同步器的拆装：按照维修手册工艺拆装，包括第二轴螺母的拆卸、五挡同步器的拆卸、轮毂的拆卸、定位销的拆卸等，做到熟练无误。

2. 工具及量具选择：合理选择工具、量具等。

3. 记录：规范使用塞尺测量并进行记录。

4. 规范安全操作。

准备与实施

一、工、量具及设备的选择

本次实训所用工具如图1-1所示：

① 塞尺　世达09401

② 中号棘轮扳手　世达11902

③ 中号短接杆　世达12903

④ 13号套筒　世达11313

⑤ 14号套筒　世达11314

⑥ 中转大转接头　世达12914

⑦ 锁销冲头　世达9162

⑧ 铁锤　世达92312

⑨ 十字起子　世达9306

⑩ 一字起子　世达62213

⑪ 宽大号拉拔器　世达90633

⑫ 二轴固定螺母专用工具　雪铁龙专用4526－T

⑬ 17号套筒

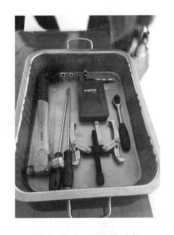

图1-1　工、量具选择

二、五挡齿轮的拆装与检测

1. 工位整理

(1) 清洁工位，如图1-2所示。

(2) 清洁变速器表面，如图1-3所示。

图 1-2 清理工位

图 1-3 清洁变速器表面

2. 拆卸后端盖

(1)所用工具

棘轮扳手、中接杆、13 mm 套筒。

(2)拆卸步骤及注意事项

①按图 1-4 所示组装工具,并调节棘轮扳手至松开方向,如图 1-5 所示。

图 1-4 整理组装工具

图 1-5 调节棘轮扳手

②拆卸后端盖螺钉。

a. 使用棘轮扳手去除螺钉预紧力,如图 1-6 所示;

b. 拧松螺钉,如图 1-7 所示;

c. 用手取下螺钉,如图 1-8 所示;

d. 将零件整齐摆放,如图 1-9 所示。

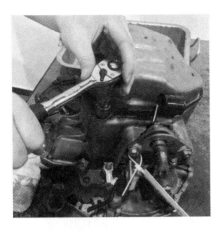

图 1-6 去除螺钉

图 1-7 拧松螺钉

图 1-8 用手取下螺钉

图 1-9 零件整齐摆放

3. 拆卸并分解五挡同步器

（1）所用工具

榔头、锁销冲头、中号棘轮扳手、转接头、拉拔器、专用套筒。

（2）拆卸步骤

①取下同步器拨叉锁销，如图 1-10 所示。

a. 使用铁锤和锁销冲头取出结合套定位销

b. 敲击冲头，发现锁销开始倾斜时，减少敲击力度，防止锁销脱落

②拆卸固定螺母

a. 使用铁锤木柄辅助下压结合套，使变速箱挂入五挡，如图 1-11 所示；

图 1-10 取下同步器拨叉锁销

b. 手动挂入二挡，使变速箱二轴锁死，如图 1-12 所示；

c. 拆卸二轴固定螺母，如图 1-13 所示。

图 1-11　下压结合套

图 1-12　锁死变速箱二轴

图 1-13　拆卸二轴固定螺母

③取下五挡同步器

a. 放置拉拔器时，确保勾爪卡在五挡齿轮的铁圈处，如图 1-14 所示；

b. 拧紧拉拔器螺杆，使花键略微松脱即可用手取下齿轮及同步器，如图 1-15 所示；

c. 应将齿轮、同步器及拨叉整体取出，取出过程中注意零件不能掉落。

图 1-14　放置拉拔器

图 1-15　拧紧拉拔器螺杆

④分解同步器

a. 将五挡齿轮、同步器及拨叉分别放置于盘内，如图 1-16(a)所示；

b. 分解同步器取出滑块时，应依次分别取出，并用手指护住钢珠，防止钢珠弹出，如图1-16(b)所示；

c. 分解后，将滑块、钢珠、花键毂及结合套有序放置，如图1-16(c)所示。

(a)

(b)

(c)

图1-16 分解同步器

4. 同步器锁环齿轮背隙的测量

（1）测量齿轮背隙

①撬下锁环并清洁工作表面

a. 若锁环较紧，可使用一字起子将其撬出，如图1-17(a)所示；

b. 测量背隙前，清洁锁环内侧，如图1-17(b)所示；

c. 清洁齿轮锥面，如图1-17(c)所示。

(a)

(b)

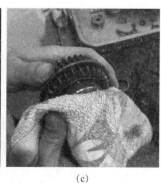
(c)

图1-17 撬下锁环，清洁表面

②测量齿轮背隙

a. 目测齿轮背隙，便于选取塞尺厚度，如图1-18所示；

b. 掌心后紧锁环，用塞尺测量齿轮背隙，如图1-19所示；

c. 分两次，共测量六个点位，如图1-20所示。

图1-18 目测齿轮背隙

图 1-19 塞尺测量背隙

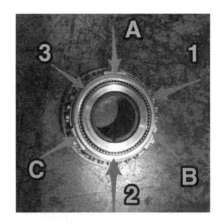
图 1-20 测量六点位

(2)填写工作页表格

检测项目	检测数据(mm)		
摩擦环间隙	数值1	数值2	数值3
	数值A	数值B	数值C
摩擦环间隙误差			
维修建议			

间隙误差 1＝MAX(1，2，3)－MIN(1，2，3)；

间隙误差 2＝MAX(A，B，C)－MIN(A，B，C)；

间隙误差＝MAX(间隙误差 1，间隙误差 2)。

(3)计算并给出维修建议

间隙的标准值为 0.7～1.5 mm，极限值为 0.5 mm；

间隙＞0.7 mm，锁环可继续使用；

间隙＝0.5～0.7 mm，锁环建议更换；

间隙≤0.5 mm，则需要必须更换锁环。

5. 五挡同步器的安装

(1)组装五挡同步器

①组装花键毂与结合套，将花键毂与结合套缺口对齐，如图 1-21 所示。

②安装滑块、弹簧及弹子钢珠。

a. 将三个滑块略微滑入凹槽，如图 1-22 所示；

b. 分别将弹子钢珠用手指压入滑块小孔，如图 1-23 所示；

图 1-21 组装花键毂与结合套

c. 将滑块推入结合套至 2/3，如图 1-24 所示；

d. 三个滑块及钢珠皆卡入后，将花键毂压入结合套，如图 1-25 所示。

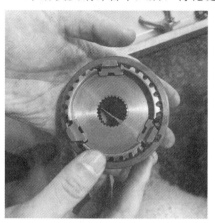

图 1-22 安装滑块

图 1-23 安装子弹钢珠

图 1-24 滑块推入结合套 2/3

图 1-25 花键毂压入结合套

（2）安装五挡同步器及固定螺母

1）所用工具

铁锤、中号棘轮扳手、转接头、专用套筒。

2）安装步骤

①安装五挡同步器。

a. 安装五挡齿轮及锁环，如图 1-26 所示；

b. 安装五挡同步器拨叉，如图 1-27 所示；

c. 结合套外侧有凹槽的一端朝下，如图 1-28 所示；

图 1-26 安装齿轮及锁环

d. 拨叉有销孔的一端朝下。

图1-27 安装同步器拨叉

图1-28 安装结合套

②安装固定螺母。

a. 安装固定螺母，如图1-29所示；

b. 挂入空挡，如图1-30所示。

图1-29 安装固定螺母

图1-30 挂入空挡

③安装拨叉固定锁销。用铁锤敲入拨叉固定锁销，如图1-31所示。

(3)安装后端盖

1)所用工具

棘轮扳手、中接杆、13 mm 套筒。

2)安装步骤

①组装工具。

a. 将中接杆与13 mm 套筒组合，如图1-32所示；

b. 调节棘轮扳手至拧紧方向，如图1-33所示。

图1-31 用铁锤敲入拨叉

图 1-32　结合中接杆与 13 mm 套筒

图 1-33　调节棘轮扳手

②拧紧后端盖螺钉。

a. 用手拧入螺钉，如图 1-34 所示；

b. 旋入螺钉，如图 1-35 所示；

c. 分次拧紧螺钉，如图 1-36 所示。

③清洁并整理工具，如图 1-37 所示。

图 1-34　用手拧入螺钉

图 1-35　旋入螺钉

图 1-36　拧紧螺钉

图 1-37　清理工具

(4)清洁并整理工位

三、评价与反馈

1. 任务测评表

考试时间	30分钟	考试完成时间		满分	50分
序号	考核项目		配分	评分标准(每项累计扣分不超过配分)	得分
1	工量具的选择及正确使用		6分	(1)不能正确选择工具,每次扣2分 (2)不能正确使用量具,每次扣2分	
2	拆解与清洁		6分	(1)拆解方法错误,每处扣2分 (2)不进行清洁,扣2分;清洁不彻底,扣1分	
3	同步器的拆装	1. 规范拆卸二轴锁紧螺母	6分	规范拆卸二轴锁紧螺母,每次扣2分	
		2. 规范拆卸五挡同步器拨叉	6分	规范拆卸五挡同步器拨叉,每次扣2分	
		3. 规范拆卸五挡同步器轮毂	6分	规范拆卸五挡同步器轮毂,每次扣2分	
		4. 规范拆卸五挡同步器定销	6分	规范拆卸五挡同步器定销,每次扣2分	
4	装配与检测		6分	(1)装配方法不正确,每处扣1分 (2)装配后不检测,扣2分 (3)由于装配原因导致返工,扣2分	
序号	考核项目		配分	评分标准(每项累计扣分不超过配分)	得分
5	安全文明生产		8分	(1)造成人身、设备重大事故,或恶意顶撞考官、严重扰乱考场秩序,立即终止考试,扣8分 (2)工量具与零件混放、或摆放凌乱,每次每处扣2分 (3)异物洒落在地面或零部件表面未及时清理,每次扣2分 (4)竣工后未清理工量具、考核工位,扣2分 (5)不服从考官、出言不逊,每次扣2分	
	合计		50分		

项目一 五挡同步器拆装与测量

2. 考核工单

技能高考底盘部分实训工单

流程	步骤		工具	扣分要点		扣分情况
拆卸	1. 拆卸变速器后盖		棘轮扳手；中接杆；13#套筒	拆卸前未清洁扣2分	零件、工具摆放混乱扣2分	
				工具选择错误扣2分		
				操作不规范扣2分		
	2. 拆卸同步器及齿轮		铁锤；锁销冲头；拉马；中转、大转接头；专用套筒；棘轮扳手	拆卸前未清洁扣2分		
				工具选择错误扣2分		
				操作不规范扣2分		
	3. 分解同步器		一字起子	零件掉落扣2分		
				零件未清洁扣2分		
检测	检测项目	检测数据（mm）	塞尺	测量前未清洁扣2分		
				塞尺使用不正确扣2分		
	同步器			填表未保留两位有效数字每空扣2分		
	间隙误差			测量结果错误每空扣5分		
	维修建议			计算及处置结果错误扣5分		
装复	1. 组装同步器		无	安装前未清洁扣2分		
				榔头金属部分敲击扣2分		
	2. 安装五挡齿轮及同步器		无	组装前未清洁各部件扣2分		
				零件掉落扣2分		
	3. 安装二轴锁紧螺母及拨叉锁销		铁锤；中转、大转接头；专用套筒；棘轮扳手	安装前未清洁扣2分		
装复				零件掉落扣2分		
	4. 安装变速器后盖		棘轮扳手；中接杆；13#套筒	工具选择错误扣2分	装复后未整理工作台，清洁工具扣2分	
				操作不规范扣2分		
				安装后未清洁扣2分		
班级		姓名		得分		

3. 检测过程记录单

(1) 工具清点和校准

①清点操作台上的工具，将工具的名称、规格、数量填写到下表。

序号	工具名称	规格	数量	序号	工具名称	规格	数量
1				6			
2				7			
3				8			
4				10			
5				12			

(2) 间隙测量

同步器的检测，请根据下表的提示，确定合适的测量位置，选用正确的测量工具完成测量，并将测量数据记录下表。

单位：mm

检测项目	检测数据		
工位编号(2分)			
同步器 (每空7分)			
同步器摩擦环间隙误差(7分)			
维修建议(7分)			

单位：mm

数据名称 \ 测量项目	换挡拨叉卡爪磨损程度测量
拨叉槽宽度(A)	
换挡拨叉卡爪部分的厚度(B)	
间隙(A－B)	
维修建议	

注：(1)记录表由学生填写，作为考核评分依据；
(2)所有长度单位统一为mm，测量数据精确到小数点后两位；
(3)填写该表时间记入考试时间。

(3) 工位整顿

项目二

发电机拆装与检查

学习目标

1. 掌握普通发电机的组成及各部件的名称及作用。
2. 掌握12 V硅整流发电机的工作原理和工作特性。

技能目标

1. 能正确使用工具对发电机进行熟练拆装,并对定子、转子、整流器、电刷等部件进行常规检查。
2. 会使用维修手册对发电机各部件测量值进行分析对比,得出结论。
3. 能正确分析电源系统常见故障现象并排除。

情感目标

1. 培养学生良好的实践动手能力。
2. 培养学生系统化、流程化的工作思路和良好的职业素养。

内容结构

1. 交流发电机的作用。
2. 交流发电机的结构。
3. 交流发电机的工作原理。
4. 交流发电机的拆装。
5. 交流发电机的检查。
6. 《发电机拆装与检查》现场评分标准。
7. 《发电机拆装与检查》考核工单。

学习任务描述

依据考核工单要求,完成工作台上汽车用12 V三相交流发电机的检查、分解、部件测量、组装等工作。考查内容包括：检查、测量方法，拆卸、装配流程，工具、量具选用，数据记录，数据分析判断等。按照考核工单完成考试项目包括：拆解与清洁、转子的检测、定子的检测、碳刷组件的检测、整流器的检测、装复后的检验、发电机原理的理解、检测结果的分析。

理论知识准备

一、交流发电机的作用

交流发电机是汽车的主要电源，其作用是在发动机正常工作时，向用电设备供电，当蓄电池电量不足时，向蓄电池及时充电。

二、交流发电机的结构

普通交流发电机一般由转子、定子、电刷及电刷架、整流器、前后端盖、风扇及传动带轮组成。如图 2-1 所示。

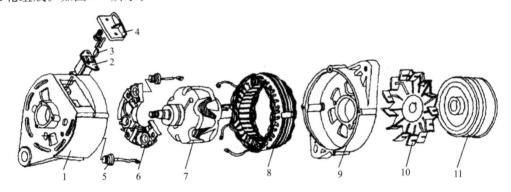

图 2-1　交流发电机总体结构

1—后端盖；2—油刷架；3—电刷；4—电刷弹簧压盖；5—硅二极管；
6—散热板；7—转子；8—定子总成；9—前端盖；10—风扇；11—皮带轮

1. 转子

作用：产生磁场。

组成：爪极、励磁绕组、集电环、转子轴等。

工作过程：发电机工作时，两电刷与直流电源连通，通过两集电环为励磁绕组通电，产生磁场。爪极一侧被磁化为 N 极，另一侧被磁化为 S 极，从而形成多对相互交错的磁极。当转子转动时，就形成了旋转的磁场。如图 2-2 所示。

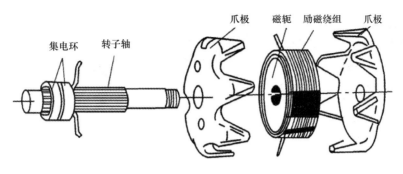

图 2-2 转子总成

2. 定子

作用：产生交流电动势。

组成：定子铁芯和定子绕组。

定子铁芯由内圈带槽、相互绝缘的硅钢片叠成。定子绕组有三组线圈，对称嵌入定子铁芯的凹槽中。三相绕组的连接方式有Y形连接和三角形连接两种。一般硅整流发电机均采用Y形连接，即每相绕组的首端分别与整流器的硅二极管相接，每相绕组的尾端接在一起，形成中性点 N，如图 2-3 所示。

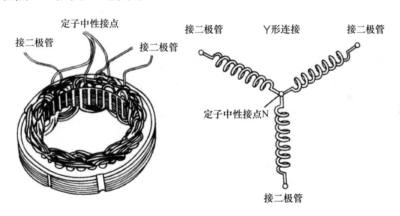

图 2-3 定子总成

3. 电刷与电刷架

作用：与集电环接触，将直流电引入励磁绕组。

在发电机的后端盖上，装有电刷及电刷架，两个电刷分别装在电刷架的孔内。电刷架的结构有外装式和内装式两种，如图 2-4 所示。

4. 整流器

作用：将发电机定子绕组产生的三相交流电转变成直流电输出。

组成：整流板和整流二极管。

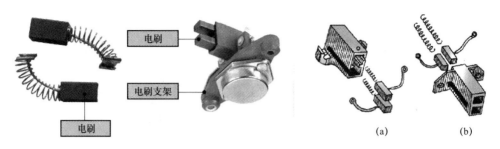

图 2-4　电刷总成

(a)内装式；(b)外装式

分类：正极管和负极管。整流二极管分别压装(或焊接)在相互绝缘的两块板上，3只正极管装在其中的一块板上，称为正极板(带有输出端螺栓)，3只负极管安装在另一块板，称为负极板。负极板和发电机外壳直接相连(搭铁)，也可以将发电机的后盖直接作为负极板，如图2-5所示。

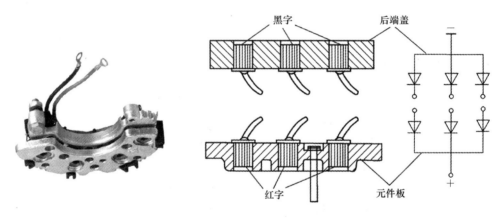

图 2-5　整流器

5. 端盖

作用：支撑转子、定子、整流器和电刷组件。

组成：前后端盖均由非导磁材料的铝合金制成，磁漏少，质量轻，散热性能好。一般设有通风口，以便发电机内部散热。如图2-6所示。

6. 传动带轮

带轮通常由铸铁或铝合金制成，安装在交流发电机的前端，发动机通过带轮驱动发电机旋转。如图2-7所示。

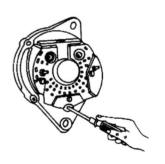

图 2-6　端盖

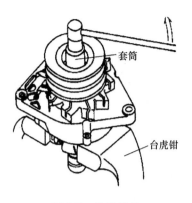

图 2-7 传动带轮

7. 风扇

风扇一般由钢板冲制或用铝合金压制而成,作用是强制通风,对发电机进行冷却。目前新型的发电机将外装单风叶改装为两个风叶并分别固定在发电机的转子爪极两侧,增强了冷却效果。

三、交流发电机的工作原理

交流发电机产生交流电的基本原理是电磁感应原理,即旋转的转子产生磁场,使穿过定子绕组的磁通量发生变化,在定子绕组内产生感应电动势。如图 2-8 所示。

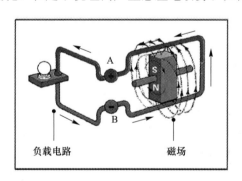

图 2-8 交流发电机工作原理

四、电压调节器

1. 作用

在发电机转速变化时,自动控制发电机电压,使其保持恒定,防止发电机电压过高而烧坏用电设备,同时也能防止发电机电压过低而使用电设备工作失常和蓄电池充电不足,如图 2-9 所示。

2. 分类

按工作原理分为触点式调节器、晶体管调节器、集成电路调节器和计算机控制调节器。按搭铁方式分为内打铁、外搭铁式。

3. 工作原理

当交流发电机的转速变化时,调节器通过调节发电机的励磁电流来改变磁极磁通量,从而控制发电机的输出电压,使之保持恒定。

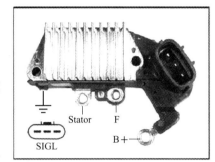

图 2-9　电压调节器

> **考纲分析**

一、考试形式:发电机拆装与检查(实操)

1. 必考科目。

2. 时长 60 分钟。

3. 分值 170 分。其中发电机拆装与检测 100 分,考核工单填写 70 分。

二、考试要求

按照"5S"管理要求,对 12 V 普通硅整流交流发电机进行规范拆装及检测。

三、考试主要内容

1. 拆卸前准备及检查

工量具的清点、清洁、校零等

2. 发电机分解及检测

(1)转子的测量及检查

(2)定子的测量及检查

(3)整流器的测量及检查

(4)碳刷组件的测量及检查;

3. 发电机装配及检测

四、考核及评分标准分析

实操项目	发电机拆装与检查	考生姓名	
工位号		准考证号	
发电机编号		考试时长	60分钟

项目二　发电机拆装与检查

（一）拆卸前准备及检查

操作说明	作答记录
1. 操作台上提供工具及清单，请核对并清洁工具，完成下列问题。（4分）	(1)是否有清单以外的工具：　　否□　　是□ 　　如果"是"请记录多出工具的名称和规格：_____ (2)是否有缺失的工具：　　否□　　是□ 　　如果"是"请记录缺失工具的名称和规格：_____
2. 请执行量具的清洁及校零，并记录量具的误差值。（4分）	量具名称：_____，误差值：_____ 量具名称：_____，误差值：_____ 量具名称：_____，误差值：_____
3. 发电机拆卸前的检查，根据问题完成相应操作，将操作过程或结果记录在右侧工单对应位置。（14分）	(1)目测发电机外观状况。（　　） 　　A. 部件安装不到位　　　　B. 漏装螺栓 　　C. 壳体破损　　　　　　　D. 完好 (2)转动发电机皮带轮，检查转子转动情况。（　　） 　　A. 转动完好　　B. 转子卡滞　　C. 转动异响 (3)使用万用，检测发电机B端子与外壳有无短路。检测结果为：_____

（二）发电机分解及检测

操作说明	作答记录			
1. 请使用正确的工具，完成发电机分解，注意右侧关键信息	(1)请遵循正确的分解顺序 (2)分解的部件按组装顺序摆放在操作台上 (3)螺栓分类摆放			
2. 转子的测量与检查（12分）	(1)转子绕组短路与断路的检查：测量值：_____ 正常□　短路□　断路□ (2)转子绕组绝缘检查：测量值：_____ 正常□　　不绝缘□ (3)滑环的检查：（4分） 正常□　　脏污□　　损坏□			
3. 定子的测量与检查（22分）	测量端子	U—N	V—N	M—N
	测量值			
	评定结果			
	(1)定子绕组断路检查及判断： 注：评定结果应填写正常或断路 (2)定子绕组绝缘检查：测量值：_____ 正常□　　不绝缘□			

续表

操作说明	作答记录
4. 整流器的测量与检查(32分)	(1)检测正极管： 正向测量值：_____ 反向测量值_____ 正常□ 损坏□ (2)检测负极管： 正向测量值：_____ 反向测量值：_____ 正常□ 损坏□
5. 发电机电刷检测(6分)	长度测量值：_____ 长度标准值：_____ 磨损情况：_____

(三)发电机装配及检测

操作说明	作答记录
1. 请使用正确的工具，完成发电机装配，注意右侧关键信息	(1)请使用正确的工具装配 (2)请参考分解顺序，按正确的顺序装配 (3)装配完成，请将工具、量具清洁，放置工具盘
2. 发电机装配后检查(6分)	(1)目测发电机外观状况(　　)。 　A. 部件安装不到位　　　　B. 漏装螺栓 　C. 壳体破损　　　　　　　D. 完好 (2)转动发电机皮带轮，检查转子转动情况(　　)。 　A. 转动完好　　B. 转子卡滞　　C. 转动异响 (3)使用万用，检测发电机B端子与外壳有无短路，判断发电机B端子与外壳为(　　)。 　A. 短路　　　B. 未短路　　　C. 不确定

准备与实施

一、工、量具及设备

工、量具及设备的选择，如图10所示。

1. 工位设备

12 V普通硅整流交流发电机(07款丰田威驰车用发电机OPO40)。

2. 工具

尖嘴钳，一、十字起子，8号、10号套筒丁字杆，22号套筒，两爪拉拔器，

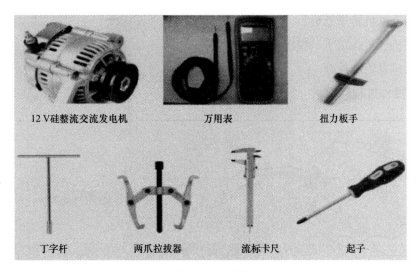

图 10 工量具

铁锤 0.5 P、橡胶锤，指针式扭力扳手各一件。

3. 量具

万用表、游标卡尺 0～150 mm（精度 0.02 mm）。

发电机拆装与检查	发电机	丰田	CPO40（丰田威驰发电机）
	万用表	伊莱克	EM33D
	起子	世达	9306
	套筒工具	世达	9509
	游标卡尺	桂量	0～150 mm

4. 工位备件

拆装平台，毛刷，清洗剂、润滑脂、清洁抹布。

二、发电机拆装与检查

1. 主要步骤及考核要点

（1）发电机不解体检查。

（2）拆卸发电机皮带轮。

（3）拆卸发电机电刷总成。

（4）拆卸发电机调节器总成。

（5）拆卸整流器。

(6)拆卸发电机转子总成。

(7)发电机转子、定子、整流器、碳刷检查。

(8)发电机复装及检查。

2. 具体操作过程和要求

	1. 拆下螺母和端子绝缘套。
	2. 拆下3个螺栓和后端盖
	3. 拆下2个螺钉和电刷架
	4. 拆下3个螺钉和发电机稳压器

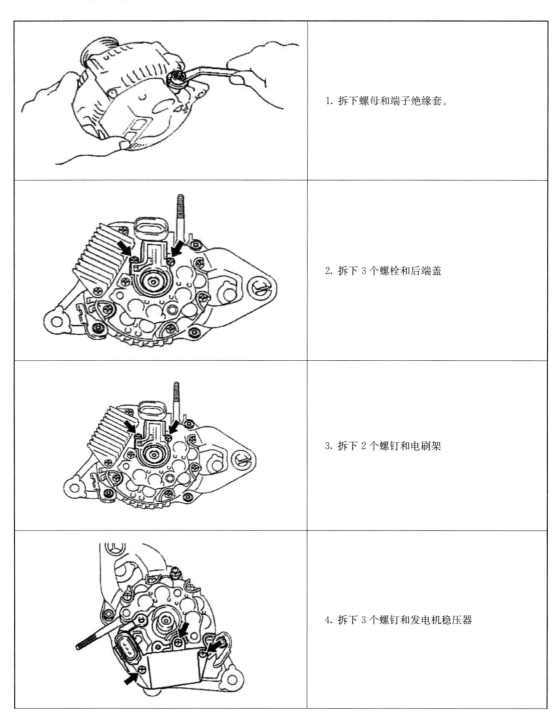

续表

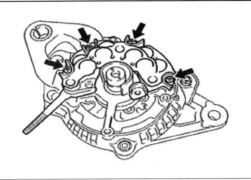	5. 拆下发电机带流的支架(60 A 发电机) (a)拆下 4 个螺钉
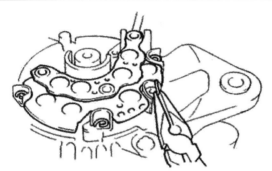	(b)使用尖嘴钳，拉直导线 (c)拆下发电机支架
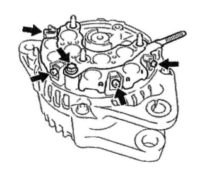	6. 拆下发电机带整流器的支架(70 A 发电机) (a)拆下 4 个螺钉和 1 个螺栓 (b)拆下发电机支架 7. 拆下发电机皮带轮 SST 09820—6301009820 —06010，09820—06020)
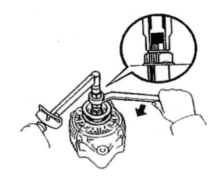	(a)用扭矩扳手保持 SST(A)，顺时针转 SST(B)到标准扭矩。扭矩：39 N·m(400 kgf·cm, 29 ft·lbf) (b)检查 SST(A)紧固在转子轴上 | SST | 零件号 | |---|---| | A | 09820—06010 | | B | 09820—06010 | | C | 09820—06010 |

续表

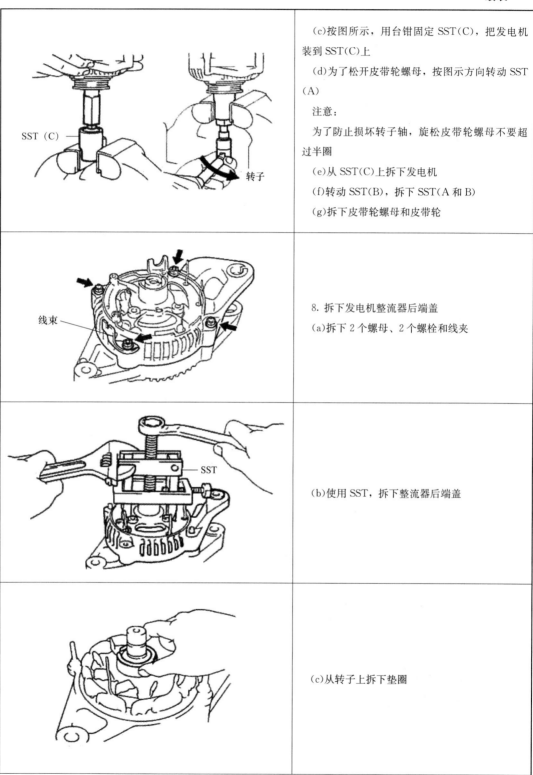

	(c)按图所示，用台钳固定 SST(C)，把发电机装到 SST(C)上 (d)为了松开皮带轮螺母，按图示方向转动 SST(A) 注意： 为了防止损坏转子轴，旋松皮带轮螺母不要超过半圈 (e)从 SST(C)上拆下发电机 (f)转动 SST(B)，拆下 SST(A 和 B) (g)拆下皮带轮螺母和皮带轮
	8. 拆下发电机整流器后端盖 (a)拆下 2 个螺母、2 个螺栓和线夹
	(b)使用 SST，拆下整流器后端盖
	(c)从转子上拆下垫圈

续表

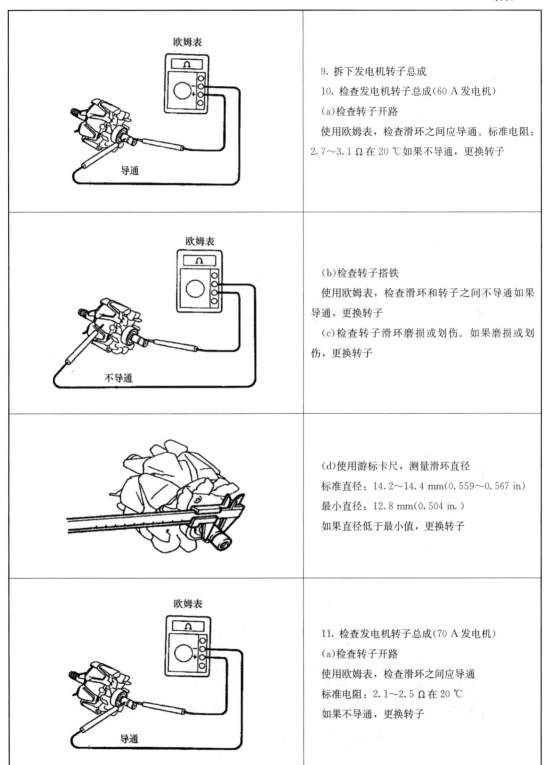

图示	说明
(欧姆表，导通)	9. 拆下发电机转子总成 10. 检查发电机转子总成(60 A发电机) (a)检查转子开路 使用欧姆表，检查滑环之间应导通。标准电阻：2.7～3.1 Ω 在 20 ℃ 如果不导通，更换转子
(欧姆表，不导通)	(b)检查转子搭铁 使用欧姆表，检查滑环和转子之间不导通如果导通，更换转子 (c)检查转子滑环磨损或划伤。如果磨损或划伤，更换转子
(游标卡尺测量)	(d)使用游标卡尺，测量滑环直径 标准直径：14.2～14.4 mm(0.559～0.567 in) 最小直径：12.8 mm(0.504 in.) 如果直径低于最小值，更换转子
(欧姆表，导通)	11. 检查发电机转子总成(70 A发电机) (a)检查转子开路 使用欧姆表，检查滑环之间应导通 标准电阻：2.1～2.5 Ω 在 20 ℃ 如果不导通，更换转子

续表

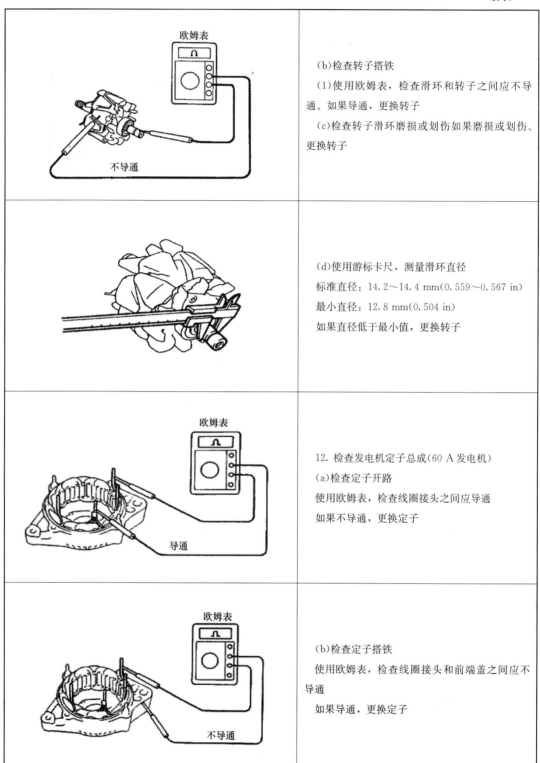

(b)检查转子搭铁
(1)使用欧姆表,检查滑环和转子之间应不导通。如果导通,更换转子
(c)检查转子滑环磨损或划伤如果磨损或划伤、更换转子

(d)使用游标卡尺,测量滑环直径
标准直径：14.2～14.4 mm(0.559～0.567 in)
最小直径：12.8 mm(0.504 in)
如果直径低于最小值,更换转子

12. 检查发电机定子总成(60 A 发电机)
(a)检查定子开路
使用欧姆表,检查线圈接头之间应导通
如果不导通,更换定子

(b)检查定子搭铁
使用欧姆表,检查线圈接头和前端盖之间应不导通
如果导通,更换定子

续表

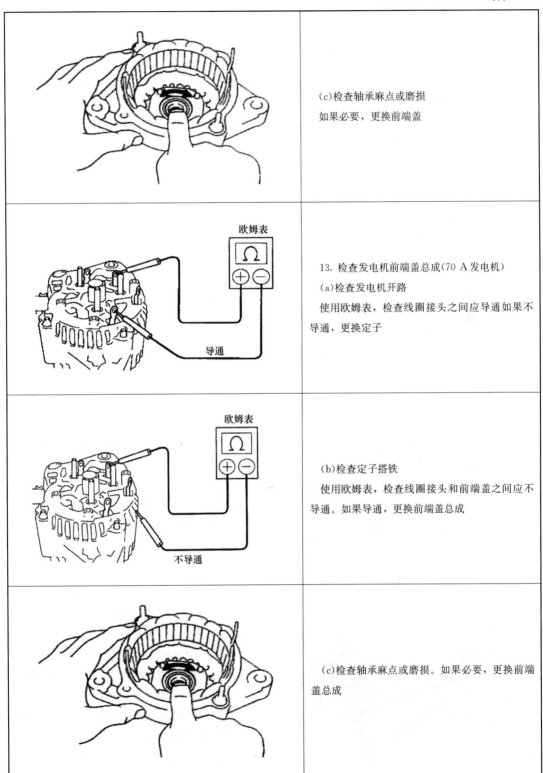

(c)检查轴承麻点或磨损
如果必要，更换前端盖

13. 检查发电机前端盖总成(70 A 发电机)
(a)检查发电机开路
使用欧姆表，检查线圈接头之间应导通如果不导通，更换定子

(b)检查定子搭铁
使用欧姆表，检查线圈接头和前端盖之间应不导通。如果导通，更换前端盖总成

(c)检查轴承麻点或磨损。如果必要，更换前端盖总成

续表

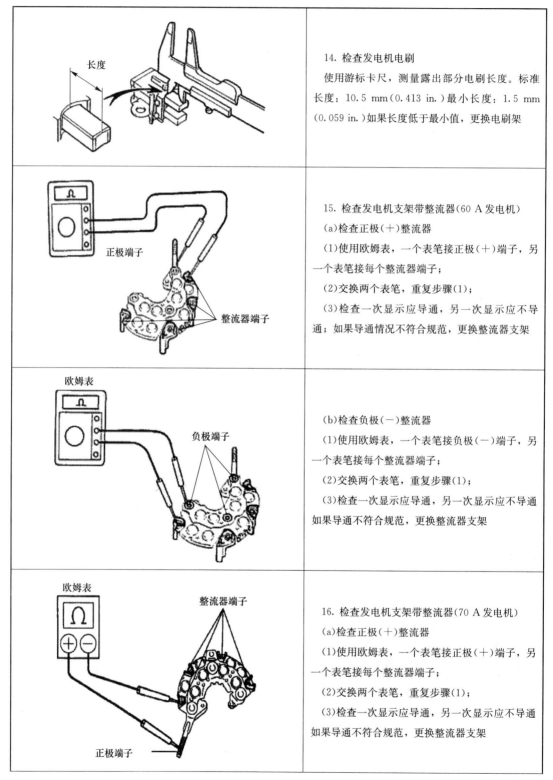

图示	说明
	14. 检查发电机电刷 使用游标卡尺，测量露出部分电刷长度。标准长度：10.5 mm(0.413 in.)最小长度：1.5 mm(0.059 in.)如果长度低于最小值，更换电刷架
	15. 检查发电机支架带整流器(60 A发电机) (a)检查正极(＋)整流器 (1)使用欧姆表，一个表笔接正极(＋)端子，另一个表笔接每个整流器端子； (2)交换两个表笔，重复步骤(1)； (3)检查一次显示应导通，另一次显示应不导通；如果导通情况不符合规范，更换整流器支架
	(b)检查负极(－)整流器 (1)使用欧姆表，一个表笔接负极(－)端子，另一个表笔接每个整流器端子； (2)交换两个表笔，重复步骤(1)； (3)检查一次显示应导通，另一次显示应不导通如果导通不符合规范，更换整流器支架
	16. 检查发电机支架带整流器(70 A发电机) (a)检查正极(＋)整流器 (1)使用欧姆表，一个表笔接正极(＋)端子，另一个表笔接每个整流器端子； (2)交换两个表笔，重复步骤(1)； (3)检查一次显示应导通，另一次显示应不导通如果导通不符合规范，更换整流器支架

续表

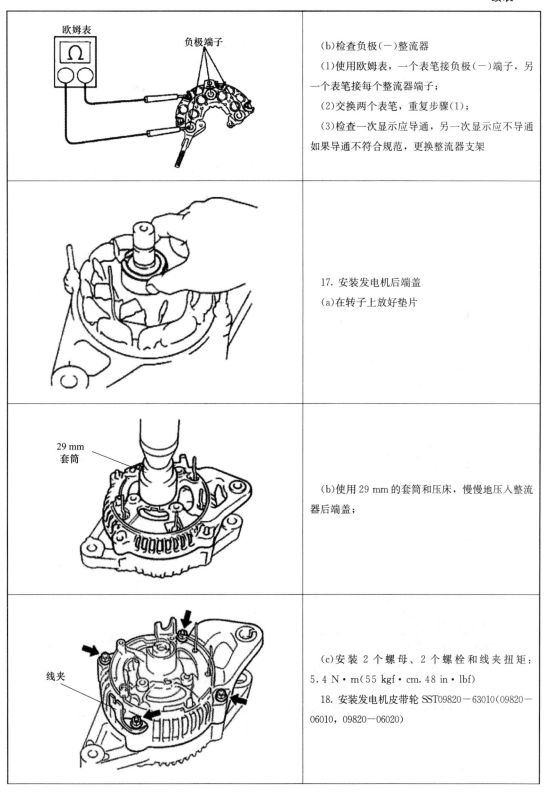

(b)检查负极(一)整流器
(1)使用欧姆表,一个表笔接负极(一)端子,另一个表笔接每个整流器端子;
(2)交换两个表笔,重复步骤(1);
(3)检查一次显示应导通,另一次显示应不导通 如果导通不符合规范,更换整流器支架

17. 安装发电机后端盖
(a)在转子上放好垫片

(b)使用29 mm的套筒和压床,慢慢地压入整流器后端盖;

(c)安装2个螺母、2个螺栓和线夹扭矩:
5.4 N·m(55 kgf·cm,48 in·lbf)
18. 安装发电机皮带轮 SST09820－63010(09820－06010,09820－06020)

续表

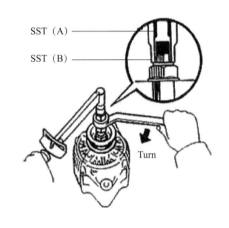	提示： | SST	零件号 | |---|---| | A | 09820－06010 | | B | 09820－06010 | | C | 09820－06010 | (a)把皮带轮安装到转子轴上，用手拧紧皮带轮螺母； (b)用扭矩扳手固定SST(A)，顺时针拧紧SST(B)至标准扭矩； 扭矩：39 N·m(400 kgf·cm, 29 ft·lbf) (c)检查SST(A)紧固在皮带轮轴上；
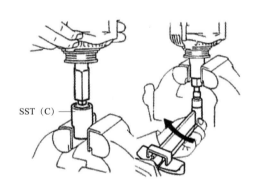	(d)按图所示，用台钳固定SST(C)，把发电机装到SST(C)上； (e)为了松开皮带轮螺母，按图示方向转动SST(A)扭矩：111 N·m(1·125 kgf·cm, 81 ft·lbf) (f)从SST(C)拆下发电机； (g)转动SST(B)，拆下SST(A和B)
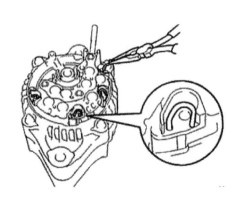	19.安装发电机支架带整流器(60 A发电机) (a)安装发电机支架； (b)按图所示，弯曲4条导线；

续表

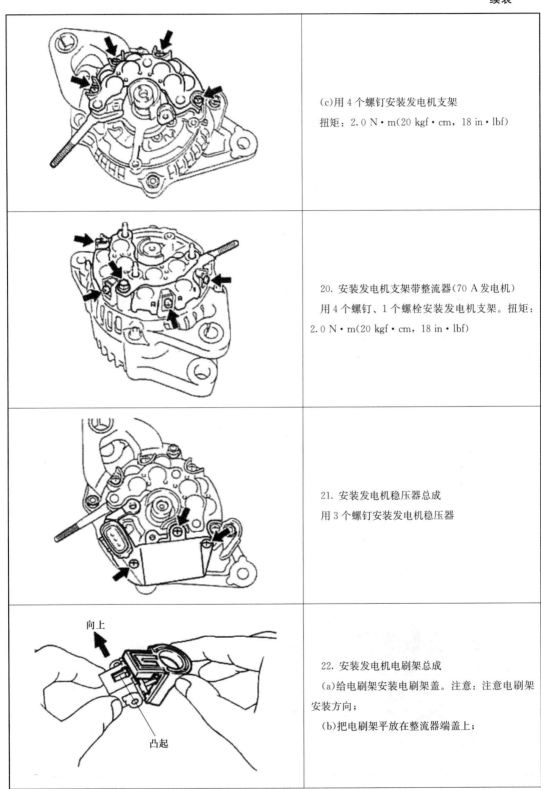

	(c)用4个螺钉安装发电机支架 扭矩：2.0 N·m(20 kgf·cm, 18 in·lbf)
	20. 安装发电机支架带整流器(70 A 发电机) 用4个螺钉、1个螺栓安装发电机支架。扭矩：2.0 N·m(20 kgf·cm, 18 in·lbf)
	21. 安装发电机稳压器总成 用3个螺钉安装发电机稳压器
	22. 安装发电机电刷架总成 (a)给电刷架安装电刷架盖。注意：注意电刷架安装方向； (b)把电刷架平放在整流器端盖上；

续表

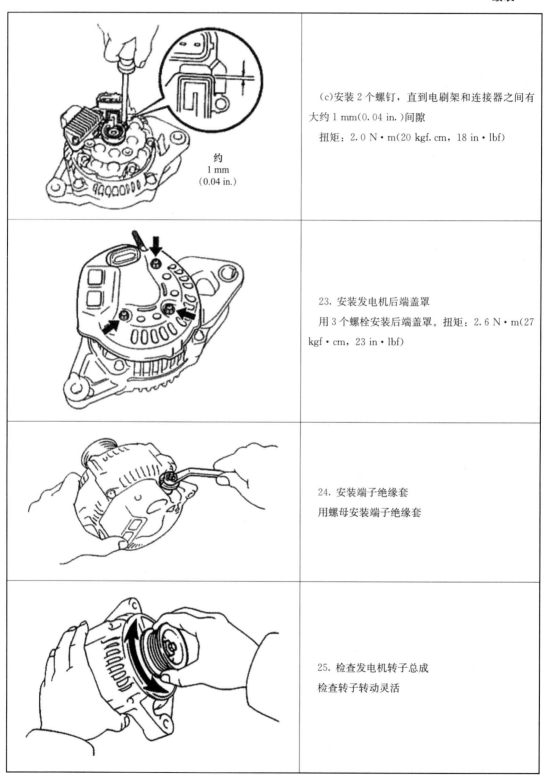

(c) 安装2个螺钉，直到电刷架和连接器之间有大约1 mm(0.04 in.)间隙
扭矩：2.0 N·m(20 kgf·cm, 18 in·lbf)

23. 安装发电机后端盖罩
用3个螺栓安装后端盖罩。扭矩：2.6 N·m(27 kgf·cm, 23 in·lbf)

24. 安装端子绝缘套
用螺母安装端子绝缘套

25. 检查发电机转子总成
检查转子转动灵活

三、评价与反馈

1. 任务测评表

评价项目		评价标准	配分	得分
专业知识能力	40分	能够独立完成交流发电机的不解体检测	10	
		能够拆解发电机	10	
		能够完成交流发电机的解体检测	20	
任务完成情况	40分	任务完成情况(圆满完成、基本完成、未完成)	15	
		任务完成质量(优秀、良好、不合格)	15	
		在小组完成任务过程中所起作用(主要、协助、未参与)	10	
职业素养	20分	能够积极主动参与学习	10	
		能够与小组成员团结协作	5	
		能够服从工位安排,执行"6 S"管理规定	5	
综合评议				

2. 总结评价表

组别:　　　　　　　　　　　评分小组:

成员:

序号	评价要素	低	分值				小组互评	教师评价	高
			D	C	B	A			
			1～3	4～6	7～8	9～10			
1	动手操作能力	弱							强
2	团队合作能力	弱							强
3	独立工作能力	弱							强
4	沟通与交流能力	弱							强
5	解决问题的创新性	弱							强
6	对工作的认真态度	不认真							很认真
7	自主查阅资料学习能力	弱							强
8	理论知识的实践运用性	弱							强
合计									

项目三

发动机气缸测量

学习目标

能通过查阅资料，收集汽车发动机气缸磨损相关信息。

技能目标

能通过气缸检测方法判断气缸圆度误差、圆柱度误差并做出修理等级确定。

情感目标

通过收集发动机的信息，为维修工作做好准备。

内容结构

1. 查阅维修手册并制定检测计划。
2. 用千分尺量缸表对气缸圆度、圆柱度进行检测。
3. 实训质量检测。
4. 规范安全操作。

学习任务描述

1. 工具的清点、量具的使用注意事项、气缸测量前的检查。测量并记录数据、然后对数据进行计算与判断。
2. 工具及量具选择：合理选择工具、量具等。
3. 记录：规范使用工量具测量并进行记录。
4. 规范安全操作。

一、理论知识准备

气缸的检测方法

通常用量缸表对气缸磨损进行测量。具体测量方法如图3-1所示：

(1)把内径百分表装在表杆的上端，并使表盘朝向测量杆的活动点，以便于观察，使表盘的短针有1～2 mm的压缩量。

(2)根据气缸的直径，选择合适的测量接杆，并将其固定在量缸表的下端。接杆固定好后与活动测杆的总长度应与被测气缸的尺寸相适应。

(3)校正量缸表的尺寸，将千分尺校正到被测气缸的标准尺寸，再将量缸表校准到千分尺的尺寸，并使伸缩杆有2 mm左右的压缩行程，旋转表盘，使表针对正零位。

(4)将量缸表的测量杆伸入到气缸上部测量第一道活塞环在上止点位置时所对应的气缸壁，根据气缸的磨损规律。分别测量平行、垂直方向二组数值的磨损量。

(5)将量缸表下移，用同样方法测量气缸中部和下部的磨损。气缸中部为上、下止点间的中间位置；气缸下部为距离气缸下边缘10 mm左右处。

(6)将所测得的各组数据分别填入下表中，并进行计算其圆度，圆柱度及最大磨损量，最后确定该发动机的处理方法。

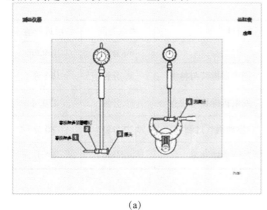

(a)

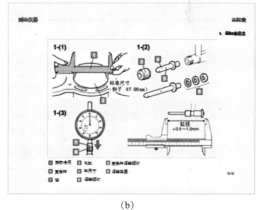

(b)

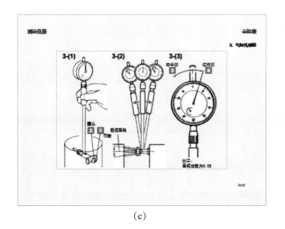

(c)

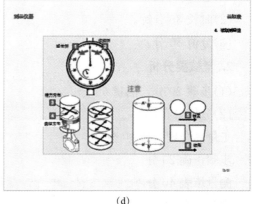

(d)

图3-1　缸体测量

用量缸表进行测量时,应注意使测量杆与气缸轴线保持垂直位置,以达到测量的准确性。当摆动量缸表时,其指针指示到最小读数时,即表示测量杆已垂直于气缸的轴线,这时才能记录读数,否则测量不准确。

实践表明,多数发动机前后两缸磨损较为严重。因此测量时,可根据气缸的磨损情况,重点地测量前后两缸的磨损。

圆度误差:当前用两点法测量,用同一断面上不同方向最大与最小直径差值之半作为圆度误差。

圆柱度误差:也用两点法进行测量,其数值是被测气缸表面任意方向不同断面所测得的最大与最小直径差值之半。

当发动机气缸圆度,圆柱度误差超过规定的标准时,如汽油机的圆度误差超过 0.05 mm 或圆柱度误差超过 0.20 mm 时,结合最大磨损尺寸视情进行修理尺寸法镗缸或更换缸套修理。

考纲分析

考试名称	考试方式	考试项目		考试时间	项目分值
专业知识考试	机考			60 分钟	150 分
技有操作考试	现场操作考试	必考项目	同步器拆装与检测	30 分钟	90 分
			发电机拆装与检查	60 分钟	170 分
		抽考项目（二抽一）	发动机气缸测量	30 分钟	80 分
			曲轴测量	30 分钟	80 分

1. 考试形式：实操测量

(1)必考科目。

(2)时长 30 分钟。

(3)分值 80 分。

2. 考核要分析

(1)步骤 20 分,测量 60 分。

(2)分值分布:

工量具合理选择 10 分

步骤正确 20 分

测量填表 40 分

规范安全 10 分

3. 发动机气缸测量要求

(1)规范使用游标卡尺,会清洁与校零、测量、读数以及存放;

(2)规范使用千分尺,会清洁与校零、测量、读数以及存放;

(3)规范使用百分表,会清洁与校零、测量、读数以及存放;

(4)做到安全文明操作。

二、计划与实施

1. 需要的工具

项目	设备/工具	品牌	型号规格参数	厂家
发动机气缸测量	气缸体	不限品牌	缸体直径在 75～160 mm 之间号顺序)	不限(考场上会指出发动机缸
	外径千分尺	通用	75～100 mm	不限
	游标卡尺	通用	0～150 mm	不限
	内径百分表	通用	75～160 mm	不限

2. 拆卸步骤及考核要点

1)拆卸的主要步骤

(1)准备工作;

(2)清洁、测量前的检查;

(3)测量、记录;

(4)计算、判断;

(5)测量后整理。

2)具体操作过程和要求

(1)准备工作

a. 工具的清点;

b. 查看标签。

气缸体编号	气缸直径(mm)		圆度(mm)		圆柱度(mm)	
	标准值	使用极限	原厂标准	使用极限	原厂标准	使用极限
23	78.500～78.516	78.718	0.010	0.080	0.010	0.080
如果测量和计算值超过极限,则重新镗削所有四个缸 允许加大一级尺寸:78.900～78.918 mm						
如果测量和计算超过极限,则更换缺体						

c. 量具使用前注意事项

①使用前清洁

②校零

记下误差(无须调整)

eg：

千分尺：＋0.010 mm　－0.020 mm

游标卡尺：＋0.02 mm

③使用完后清洁

检查气缸表面是否有划痕、刮伤，如果有，在缸径尺寸维修极限之内，可以通过珩磨修整气缸壁表面的划痕、刮伤。使用工具：电筒、抹布

(3)测量、记录

测量气缸的磨损和圆柱度误差，在每个气缸的上、中、下三个平面上沿 X 和 Y 方向测量气缸的直径，并计算出气缸的磨损和圆柱度误差。

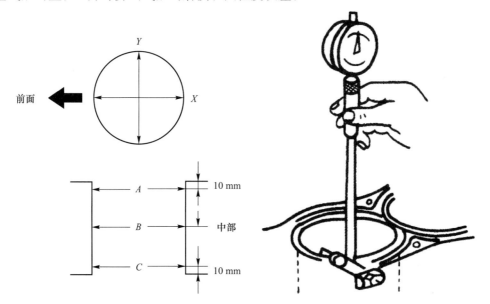

(4)计算、判断

・上部面圆度计算：(78.573－78.564)÷2＝0.005(mm)

・中部面圆度计算：(78.550－78.546)÷2＝0.002(mm)

・下部面圆度计算：(78.521－78.512)÷2＝0.005(mm)

气缸圆柱度计算：(78.573－78.512)÷2＝0.031(mm)

正常：

1. 最大缸径为 78.573 mm(小于于气缸使用极限：78.718 mm)在正常范围；

2. 最大圆度为 0.005 mm(小于圆度极限：0.080 mm)在正常范围；

3．圆柱度为 0.031 mm(小于圆度极限：0.080 mm)在正常范围；因此可发继续使用。

(5)测量后整理

①清结标记；

②清洁缸体；

③清法量具和工具，并还原；

④场地整理。

三、评价与反馈

发动机气缸测量(满分 80 分，考试时间 30 分钟)

一、说明：

发动机气缸测量评分标准

规定时间	30 分钟	考核完成时间		满分	80 分
考核项目	操作环节	考核要求	分值	评分标准	考核记录
气缸	1. 安全操作	1. 仪器、量具符合安全操作规程； 2. 人员防护符合要求	10		
	2. 工量具、仪器、仪表、使用的规范性	游标卡尺选量程、量缸表、千分尺校零	20		
		量缸表放入千分尺后校零用干净的布清洁量具、气缸	30		
	3. 测量方法	正确选择、安装测量杆检测上、中、下三个截面横向、纵向六处直径值，并记录	10		
	4. 测量结果的分析	正确计算圆度、圆柱度(详见记录单)	10		
	5. 机械零部件检验结论	正确比较测量数据与规范值，提出维修建议。(参考记录单)	80		
	合计				

1．本工位检测气缸体。

2．本试卷由 3 部分组成：工具清点和校准、零件测量计算和判断、工位整顿。

3. 请按照试卷要求，由前往后完成规定操作，并将操作结果以及测量数据填写在试卷对应位置。

二、工具清点和校准

1. 清点操作台上的工具，将工具的名称、规格、数量填写到下表。

序号	工具名称	规格	数量	序号	工具名称	规格	数量
1				6			
2				7			
3				8			
4				10			
5				12			

2. 将以上需要校零的工具名称记录在以下留白处，并完成工具的校零，记录校零后的误差。

三、零件测量、计算及判断

1. 气缸体的测量为计算气缸体的圆度、圆柱度；请根据下表的提示，确定合适的测量位置，选用正确的测量工具完成测量，并将测量数据记录下表。

发动机气缸测量过程记录单　　　　　　　　　　（单位：mm）

检测项目	检测部位	检测数据(mm)		圆度
		D_1	D_2	
气缸体				
气缸圆度误差		气缸圆柱度误差		
气缸维修建议				

注：(1) 该记录表由学生填写，作为考核评分依据；
(2) 所有长度单位统一为 mm，测量数据精确到小数点后三位；
(3) 填写该表时间记入考试时间。

2. 根据以上数据，判断气缸体是否能继续使用？（对比给定的标准值，做出详细的判断。）

四、工位整顿

项目四

发动机曲轴测量

学习目标

1. 掌握曲轴磨损、变形的原因及影响。
2. 能规范组装磁力表座,掌握百分表、千分尺测量正确使用方法。

技能目标

1. 掌握曲轴磨损、弯曲变形的检测方法。
2. 能根据曲轴的技术标准进行判断处理。

情感目标

1. 依据5S管理的要求,考核学生安全、规范的操作习惯。

内容结构

1. 曲轴的结构。
2. 曲轴异常磨损。
3. 曲轴弯曲变形。
4. 曲轴磨损检测。
5. 曲轴弯曲变形检测。
6.《曲轴测量》现场评分标准。
7.《曲轴测量》考核工单。

学习任务描述

1. 工具清点和检查。
2. 曲轴的检测。
①曲轴主轴径磨损状况测量;
②曲轴中间轴颈的径向圆跳动量测量。

3. 检测数据记录分析。

4. 工位整理。

理论知识准备

一、曲轴的组成及作用

1. 曲轴组成

曲轴前端、连杆轴颈、主轴颈、平衡块和曲轴后端凸缘组成，如图 4-1 所示。

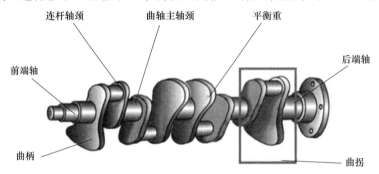

图 4-1　曲轴组成

2. 曲轴的作用

将活塞连杆组传来的气体作用力转变为曲轴的旋转力矩对外输出，并驱动发动机的配气机构及其他辅助装置工作。为了保证工作可靠，要求曲轴具有足够的刚度和强度，各工作表面要耐磨而且润滑良好。

二、曲轴磨损

曲轴常见的损耗形式有：轴颈磨损（连杆轴颈和主轴颈）、弯扭变形、曲轴裂纹断裂，如图 4-2 所示。

1. 曲轴轴颈磨损特点

（1）轴颈的磨损是不均匀的。

（2）连杆轴颈的最大磨损部位在靠近主轴颈一侧（即连杆轴颈的内侧），连杆轴颈沿轴向

图 4-2　曲轴磨损

还有锥型磨损。

(3)各主轴颈的最大磨损在靠近连杆轴颈一侧。

(4)连杆轴颈负荷比主轴颈大，且润滑条件较差，故连杆轴颈的磨损常常大于主轴颈的磨损。

2. 曲轴轴颈磨损原因

(1)机油压力不足导致润滑不良。

(2)轴颈与轴瓦之间装配间隙不当。

(3)机油或油道内杂质太多。

3. 轴径磨损用径向用圆度误差、圆柱度误差来表示

(1)圆度误差——同一圆截面上，最大直径与最小直径差值的一半。

(2)圆柱度误差——在两端圆截面上测得的最大、最小直径差值的一半。

三、曲轴弯曲变形

1. 曲轴弯曲变形原因

(1)发动机超负荷工作。

(2)个别缸不工作或工作不均匀。

(3)主轴承孔同轴度偏差太大。

2. 曲轴变形弯曲的危害

(1)导致活塞连杆组和气缸的磨损。

(2)影响发动机动力、经济性能和工作稳定性。

四、曲轴磨损的检测

1. 曲轴轴颈的检验

检验曲轴轴颈磨损量，测量主轴颈及连杆轴颈的圆度和圆柱度，判定是否需要磨修及磨修的修理尺寸。

2. 检测方法

如图 4-3 所示，在轴颈上选取两个截面Ⅰ—Ⅰ和Ⅱ—Ⅱ，在每一道截面上取与曲柄平行及垂直的两个方向 $A-A$ 和 $B-B$，用外径千分尺测量。同一截面最大直径与最小直径之差的 1/2 为圆度误差，轴颈各部位测得的最大与最小直径差的 1/2 为圆柱度误差，圆度、圆柱度误差大于 0.025 mm 时，应按修理尺寸磨修。

轴颈的圆柱度误差 $\dfrac{D_{max}-D_{min}}{2}=$ 允许值为 <0.025 mm

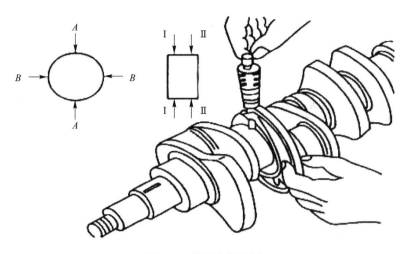

图 4-3 轴颈磨损检测

此公式中，D_{max} 和 D_{min} 分别为全部测量值中的最大和最小直径。若大于允许应按轴颈的分级修理原则确定修理尺寸，进行修磨。曲轴轴颈修理尺寸的确定：主轴颈和连杆轴颈的修理尺寸一般分为 3 至 6 级，级差为 0.25 mm。

发动机：TU3、TU5　　　　　　　　　　单位：mm

发动机曲轴	标准尺寸	维修尺寸 1	维修尺寸 2	维修尺寸 3
$\phi A(0，-0.019)$	49.981	49.681	—	—
$\phi B(-0.019，-0.025)$	45	44.7	—	—
$\phi C(+10.052，0)$	23.6	23.8	23.9	24
$\phi D(0，-0.065)$	85	84.8	—	—

3. 修理标准

(1) 以最小直径为准，选最接近的修理尺寸级别以延长曲轴使用寿命。

(2) 曲轴主轴颈和连杆轴颈应分别磨成同一级的修理尺寸以便各自选配统一的轴承。

(3) 小于表中最小尺寸的轴颈不能在进行磨修，一般可以考虑更换新轴，也可堆焊后恢复到标准尺寸。

4. 曲轴轴颈的磨修

在专用的曲轴磨床上进行，除恢复轴颈尺寸及几何形状精度外，还应保证轴颈的同轴度、平行度、曲轴过度圆半径及各连杆轴颈间的夹角等相互位置精度。

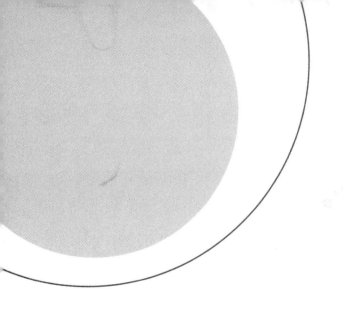

汽车维修类专业理论考试
模拟试题及答案

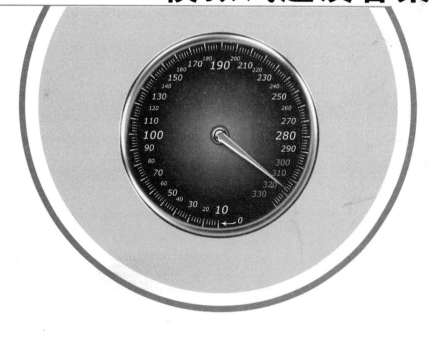

汽车维修类专业理论考试模拟试题(一)

一、判断题(本大题共 30 小题,每小题 2 分,共 60 分。正确的填涂√、错误填涂×)

1. 汽车的整车装备质量是指装备完全的汽车质量,包括冷却液、燃料及随车附件的质量。（　）
2. 汽车驱动力等于汽车行驶中的总阻力时,汽车就停止运动。（　）
3. 汽车正常行驶时所能获得的最大驱动力总是小于或等于车辆的附着力。（　）
4. 绘制图样时应优先采用六种基本幅面,其中最大一号幅面为 A0。（　）
5. 比例是指实物要素与其图样中图形相应要素的线性尺寸之比,绘图时应优先采用原值比例。（　）
6. 装有液压挺柱配气机构的发动机上留有气门间隙。（　）
7. 汽油机压缩比愈大,对汽油的牌号要求愈低。（　）
8. 二行程汽油机的燃料经济性不如四行程汽油机,但由于它的结构简单,制造费用低在摩托车和微型汽车上被广泛采用。（　）
9. 四缸四行程汽油机的发火间隔角为 180°,六缸四行程汽油机的发火间隔角为 60°。（　）
10. 锥形环和扭曲环在安装时,没有方向性,可任意安装。（　）
11. 对多缸发动机来说,所有气缸的工作行程都是同时进行的。（　）
12. 大多数轿车的传动系都采用的是前置后驱布置形式,且发动机采用纵置布置形式。（　）
13. 使用带锐边的工具时,锐边不要对着自己和工作同事;传递工具时要将手柄朝向对方。（　）
14. 离合器液压操纵机构漏油、有空气或油量不足,会造成离合器分离不彻底。（　）
15. 离合器自由行程过小会导致离合器分离不彻底。（　）
16. 离合器工作缸失效会导致离合器分离不彻底。（　）
17. 为了使驾驶员操纵方便,离合器踏板自由行程越小越好。（　）
18. 二极管具有单向导通性,即加正向电导通时相当于开关闭合;加反向电压截止时相当于开关打开。（　）
19. 电容在电路中具有隔断直流电,通过交流电的作用。（　）

20. 若冷凝器散热不良,则会出现空调系统高压侧压力偏高。( )
21. 制冷剂越多,制冷效果越好。( )
22. 蓄电池和发电机是汽车上的两个电源,蓄电池与发电机串联,共同向用电设备供电。( )
23. 铅酸蓄电池的放电过程是化学能转变成电能的过程。( )
24. 发电机运转时,充电指示灯亮,说明充电正常。( )
25. 起动系统主要包括起动机和控制电路两个部分。( )
26. 前照灯由灯泡、反射镜、配光镜三部分组成。( )
27. 汽车二级维护作业包括基本作业项目和根据车辆实际情况确定的附加作业项目,但不包括一级维护作业项目。( )
28. 车辆"三级维护"制度是指一级维护、二级维护和三级维护。( )
29. 一级维护是由维修企业负责执行的汽车维护作业,其作业中心内容以检查调整为主,并拆检轮胎进行换位。( )
30. 日常维护,以清洁、补给、紧固和安全检视为作业中心内容,由驾驶员负责执行的车辆维护作业。( )

二、单选题(本大题共30小题,每小题3分,共90分)

1. 我国标准中将汽车分为( )两种。
   A. 乘用车 商用车
   B. 轿车 卡车
   C. 乘用车 专用车
   D. 民用车 商用车

2. 在设计上和技术特性上主要用于载运乘客和随身行李或临时物品的不超过9座的汽车是( )。
   A. 商用车
   B. 普通乘用车
   C. 旅行车
   D. 多用途乘用车

3. 世界上最早执行排放法规的是( )。
   A. 欧洲
   B. 日本
   C. 中国
   D. 美国

4. 关于图纸幅面的说法,以下正确的是( )。
   A. 图纸幅面有A1、A2、A3、A4、A5共5种
   B. 图纸幅面有A0、A1、A2、A3、A4共5种
   C. 图纸幅面有A1、A2、A3、A4共4种
   D. A1图幅是最大的

5. 关于绘图比例的说法,以下正确的是( )。
   A. 比例为实际尺寸与图上尺寸之比
   B. 图样中为使图形清晰应优先选用放大比例

C. 1∶2是放大比例

D. 绘图时应优先采用原值比例

6. 汽油机飞轮上标注的记号是( )。

 A. 第一缸上止点   B. 第四缸上止点

 C. 第一缸上止点和点火正时记号   D. 没有任何意义

7. ( )气缸体和油底壳的结合面与曲轴轴线在同一平面上。

 A. 龙门式   B. 涡流室式

 C. 一般式   D. 隧道式

8. 目前汽车发动机上采用的冷却水泵主要是( )。

 A. 轴流式   B. 离心式

 C. 可变容积式   D. 压力式

9. 柴油机的压缩终了时缸内的压力和温度( )。

 A. 下降   B. 不变

 C. 升高   D. 缓慢升高

10. 通常直列六缸发动机的工作顺序是( )。

 A. 1—5—3—6—2—4   B. 1—3—5—2—4—6

 C. 1—5—2—6—3—4   D. 1—2—3—4—5—6

11. 四冲程发动机一个工作循环曲轴旋转两周,凸轮轴旋转( )。

 A. 二周   B. 一周

 C. 半周   D. 三周

12. 下列( )不会导致离合器分离不彻底。

 A. 离合器主缸失效   B. 离合器自由行程过小

 C. 离合器油管内有空气   D. 离合器工作缸失效

13. 下列( )不会导致离合器打滑。

 A. 离合器自由行程过大   B. 膜片弹簧弹力不足

 C. 离合器盖和飞轮间的螺栓松动   D. 离合器从动盘摩擦衬面有油污或磨损

14. 关于离合器分离不彻底的原因错误的说法是( )。

 A. 离合器踏板自由行程过大

 B. 分离杠杆调整不当,其内端不在同一平面内或内端高度太低

 C. 新换的摩擦片太厚或从动盘正反装错

 D. 压力弹簧疲劳或折断,膜片弹簧疲劳或开裂,使压紧力下降

15. 汽车起步发抖的原因是( )。

 A. 分离轴承套筒与导管油污、尘腻严重,使分离轴承不能回位

 B. 从动盘或压盘翘曲变形,飞轮工作端面的端面圆跳动严重

C. 分离轴承缺少润滑剂，造成干磨或轴承损坏

D. 新换的摩擦片太厚或从动盘正反装错

16. 踏下离合器踏板，使（　　）分离。
    A. 飞轮和压盘　　　　　　　　B. 压盘和从动盘
    C. 飞轮和从动盘　　　　　　　D. 发动机和变速器

17. 离合器分离或接合时发出不正常的响声的原因是（　　）。
    A. 分离轴承缺少润滑剂，造成干磨或轴承损坏
    B. 从动盘或压盘翘曲变形，飞轮工作端面的端面圆跳动严重
    C. 膜片弹簧弹力减弱
    D. 分离杠杆弯曲变形，出现运动干涉，不能回位

18. 一根 25Ω 的电阻丝，将其平均分成 5 等分，并将 5 跟电阻丝并联，总电阻为（　　）。
    A. 25Ω　　　　　　　　　　　B. 10Ω
    C. 1Ω　　　　　　　　　　　　D. 5Ω

19. ▢ 此电气符号表示（　　）。
    A. 三极管　　　　　　　　　　B. 常开继电器
    C. 常开电磁阀　　　　　　　　D. 常闭电磁阀

20. 造成空调不制冷故障的是（　　）。
    A. 压缩机不工作　　　　　　　B. 膨胀阀连续工作时间过长
    C. 制冷剂不足　　　　　　　　D. 制冷剂过量

21. 引起空调系统不出风的故障原因是（　　）。
    A. 风机开关损坏　　　　　　　B. 压缩机不工作
    C. 电磁离合器不工作　　　　　D. 制冷剂不足

22. 空调在运行中，若低压表指示过高，高压表指示过低，说明故障在（　　）。
    A. 压缩机　　　　　　　　　　B. 膨胀阀
    C. 蒸发器　　　　　　　　　　D. 鼓风机

23. 下列关于警示灯说法正确的是（　　）。
    A. 接通点火开关，安全带未系时，安全带指示灯点亮
    B. 驻车制动松开时，驻车制动指示灯点亮
    C. 充电指示灯亮即为蓄电池处于充电状态
    D. 当点火开关置于 ON 位置时，仪表盘上的警示灯熄灭

24. 充电警示灯属于（　　）。
    A. 显示装置　　　　　　　　　B. 指示装置
    C. 提醒装置　　　　　　　　　D. 故障报警指示装置

25. 交流发电机不充电故障原因，下列说法错误的是（　　）。
    A. 充电指示灯故障　　　　　　　B. 发电机磁场绕组断路
    C. 发电机定子绕组搭铁故障　　　D. 传动皮带过松

26. 发电机电压调节器工作不良，会使调节电压（　　），容易引起断电器触点烧蚀。
    A. 过高　　　　　　　　　　　　B. 过低
    C. 不稳　　　　　　　　　　　　D. 为0

27. 汽车一、二级维护是（　　）在进行操作。
    A. 汽车维修工　　　　　　　　　B. 驾驶员
    C. 服务顾问　　　　　　　　　　D. 技术总监

28. （　　）是为了进一步强调维护的重要性，防止追求眼前利益和不重视及时维护所造成的车辆故障，汽车维护必须是定期进行的，基本作业项目为定期维护内容。
    A. 强制维护　　　　　　　　　　B. 预防为主
    C. 定期检测　　　　　　　　　　D. 视情修理

29. 汽车一、二级维护周期的确定，应以汽车（　　）为基本依据。
    A. 行车时间间隔　　　　　　　　B. 行驶里程
    C. 诊断周期　　　　　　　　　　D. 修理厂规定

30. 6S现场管理中的整理是根据物品的（　　）来决定取舍。
    A. 购买价值　　　　　　　　　　B. 使用价值
    C. 是否需要　　　　　　　　　　D. 是否能卖好价钱

汽车维修类专业理论考试模拟试题(二)

一、判断题(本大题共30小题,每小题2分,共60分。正确的填涂√、错误填涂×)

1. 载货汽车的主参数代号为车辆的总质量。（   ）
2. 四冲程循环又被称为奥托循环。（   ）
3. 机件的真实大小为图样上所注尺寸,与所采用的比例无关。（   ）
4. 图样上和技术文件中所用的汉字可写成直体或斜体。（   ）
5. 尺寸标注一般由尺寸界线、尺寸线和尺寸数字三个要素组成。（   ）
6. 在气门完全关闭时,摇臂与气门杆尾端之间的间隙称气门间隙,在使用过程不会发生变化。（   ）
7. 水冷发动机的气缸体和曲轴箱一般是分开铸造的。（   ）
8. 连杆盖与连杆、主轴承盖与缸体轴承座孔可以互换或变更方向安装。（   ）
9. 四缸四行程汽油机的工作顺序仅为1—2—4—3,而六缸四行程汽油机的工作顺序为1—5—3—6—2—4或1—4—2—5—3—6。（   ）
10. 发动机润滑系统中旁通阀的作用是防止机油粗滤器堵塞时,以确保发动机各部分的正常润滑。（   ）
11. 目前汽车发动机上广泛采用水冷却系统。（   ）
12. 变速器的挡位越低,传动比越小,汽车的行驶速度越低。（   ）
13. 在装配同步器时,花键毂的细槽应朝向接合套拨叉槽一侧。（   ）
14. 超速挡主要用于汽车在良好路面上轻载或空载运行,以提高汽车的燃料经济性。（   ）
15. 变速器在换挡时,为避免同时挂入两挡,必须装设自锁装置。（   ）
16. 离合器安装在发动机与手动变速器之间。（   ）
17. 离合器踏板自由行程过大会造成离合器打滑。（   ）
18. 电流的大小和方向都不随时间而改变的电流,称为交流。（   ）
19. 电路一般由电源、负载、导线和控制装置等四部分组成。（   ）
20. 汽车空调蒸发器和冷凝器都是热交换器,可以互换。（   ）
21. 冷凝器的作用是将制冷剂从气体转变为液体,同时放出热量。（   ）
22. 制冷系统压力过高或压力过低都会导致压缩机停止工作。（   ）
23. 当车辆出现有远光而无近光,或有近光而无远光时,应先检查变光开关。（   ）

24. 汽车电动车窗的电机为永磁式双向直流式电动机。（   ）
25. 汽车后视镜不工作，应先检查熔断器。（   ）
26. 电压调节器的作用是：当发动机的转速发生变化时，通过调节发电机的充电电流使输出电压基本保持不变。（   ）
27. 汽车维护的分级：日常维护，一级维护，二级维护。（   ）
28. 汽车维修操作时，维修技师为了掌握时间，可佩戴手表作业。（   ）
29. 为方便行走，维修技师可穿着运动鞋进行汽车维护作业。（   ）
30. 公制扳手型号是指所拆卸螺母或螺栓头部六面体对边的距离。（   ）

二、单选题（本大题共30小题，每小题3分，共90分）

1. 在平直路面等速行驶的汽车受（   ）的作用。
    A. 滚动阻力
    B. 空气阻力
    C. 滚动阻力和空气阻力
    D. 滚动阻力、空气阻力、坡道阻力和加速阻力

2. 汽车的最高车速是指在（   ）行驶时所能达到的最高车速。
    A. 空载   B. 平坦公路
    C. 满载平坦公路   D. 高速路

3. 客车的主参数代号用（   ）表示。
    A. 总质量   B. 长度
    C. 排量   D. 高度

4. 用下列比例分别画出同一个图形，所绘图形最大的是（   ）。
    A. 1∶1   B. 1∶4   C. 1∶2   D. 5∶1

5. 视图中，不可见的轮廓线用（   ）绘制。
    A. 粗实线   B. 细实线
    C. 细虚线   D. 细点画线

6. 一般汽油机的压缩比为（   ）。
    A. 6～10   B. 15～20   C. 20以上   D. 6以下

7. 采用自动补偿封闭式散热器结构的目的是（   ）。
    A. 防止高温蒸气喷出伤人   B. 降低冷却液的损失
    C. 加强散热   D. 自动补偿封闭式散热器

8. 矩形环和桶面环常作为（   ）气环使用。
    A. 第一道   B. 第二道
    C. 第三道   D. 无所谓

9. 锥形环与气缸壁是线接触，接触压力大，有利于密封、布油和磨合，但传热性能

差，不易作( )气环使用。
　　A. 第二道　　　　　　　　　　B. 第三道
　　C. 第一道　　　　　　　　　　D. 任意

10. 某四缸四行程汽油机的工作顺序为 1—2—4—3，当第一缸做功时，第三缸为( )。
　　A. 压缩　　　B. 进气　　　C. 排气　　　D. 做功

11. 一般把活塞的头部制成上小下大的阶梯形或截锥形，且头部直径( )裙部。
　　A. 小于　　　　　　　　　　B. 等于
　　C. 大于　　　　　　　　　　D. 无所谓大于小于

12. 变速器挂入传动比大于"1"的挡位时，变速器实现( )。
　　A. 减速增矩　　　　　　　　B. 增速减矩
　　C. 转速不变　　　　　　　　D. 主减速器

13. 关于换挡时齿轮相撞击而发出异响的原因，下列说法错误的是( )。
　　A. 离合器踏板行程不正确　　B. 同步器损坏
　　C. 缺油或油的质量不好　　　D. 变速杆调整不当

14. 使用变速器( )时，即使离合器接合，发动机动力也不能传给驱动轮。
　　A. 一挡　　　　　　　　　　B. 倒挡
　　C. 空挡　　　　　　　　　　D. 超速挡

15. 当离合器处于完全接合状态时，变速器的第一轴( )。
　　A. 不转动　　　　　　　　　B. 与发动机曲轴转速不相同
　　C. 与发动机曲轴转速相同　　D. 比发动机曲轴转速慢

16. 膜片弹簧会因( )使其对压盘的压紧力下降，引起离合器打滑。
　　A. 高温烧蚀退火变软　　　　B. 弹力不足
　　C. 变形或损坏时　　　　　　D. 以上三项都正确

17. 对离合器的主要要求是( )。
　　A. 接合柔和，分离彻底　　　B. 接合柔和，分离柔和
　　C. 接合迅速，分离彻底　　　D. 以上说法都不正确

18. 与参考点有关的物理量( )。
　　A. 电流　　　B. 电压　　　C. 电位　　　D. 电阻

19. 直流电的文字符号为( )。
　　A. AC　　　　B. VC　　　　C. DC　　　　D. BC

20. 制冷剂灌注过量时，将使制冷系统工作时出现以下( )现象。
　　A. 过冷　　　　　　　　　　B. 制冷度不够
　　C. 压缩机不转　　　　　　　D. 管道堵塞

21. 汽车空调系统工作时出风口不够凉,关闭压缩机后出风口有热气,可能的原因是( )。
   A. 制冷剂泄漏　　　　　　　　　B. 暖风阀关闭不严
   C. 制冷剂过量　　　　　　　　　D. 暖水箱泄漏

22. 在加注制冷剂时,如果以液体的方式加入( )。
   A. 只能从低压侧加入
   B. 只能从高压侧加入
   C. 既可以从低压侧加入,也可以从高压侧加入
   D. 根据具体情况再确定

23. 在20 ℃下,蓄电池电解液密度标准值为( )。
   A. 1.30～1.35 g/cm^2　　　　　B. 1.25～1.29 g/cm^2
   C. 1.15～1.29 g/cm^2　　　　　D. 1.10～1.15 g/cm^2

24. 前照灯灯光暗的原因是( )。
   A. 电源电压低　　　　　　　　　B. 熔断丝烧断
   C. 发电机电压过大　　　　　　　D. 灯光开关故障

25. 前照灯变光开关的作用是根据行驶与会车需要,实现远光与近光的( )。
   A. 开启　　　　　　　　　　　　B. 关闭
   C. 变换　　　　　　　　　　　　D. 以上三种说法均正确

26. 发电机B+接线柱外部连接( )。
   A. 起动机电极柱　　　　　　　　B. 蓄电池正极
   C. 蓄电池负极　　　　　　　　　D. 整流器

27. 整顿的目的是为了( )。
   A. 方便使用　　　　　　　　　　B. 节约空间
   C. 保持清洁　　　　　　　　　　D. 形成自律

28. 拆卸螺栓时应尽量不使用的工具是( )。
   A. 套筒　　　　　　　　　　　　B. 活动扳手
   C. 开口扳手　　　　　　　　　　D. 梅花扳手

29. 在拆卸螺栓时,应优先选用以下( )。
   A. 活动扳手　　　　　　　　　　B. 开口扳手
   C. 梅花扳手　　　　　　　　　　D. 套筒扳手

30. 万用表在不使用时,应将选择旋钮放在( )位。
   A. 直流V最高挡　　　　　　　　B. Ω挡
   C. 直流A　　　　　　　　　　　D. 交流V最高挡

汽车维修类专业理论考试模拟试题(三)

一、判断题(本大题共30小题,每小题2分,共60分。正确的填涂√、错误填涂×)

1. ABS系统在制动过程中可自动调节车轮制动力,防止车轮抱死以取得最佳制动效果。（　）
2. 蓄电池是将化学能转换成电能的一种装置。（　）
3. 尺寸公差可以是正值、负值或零。（　）
4. 实践证明,多缸发动机多数前后两缸磨损最为严重,测量时应重点测量。（　）
5. 装配图上的配合尺寸,除了要标注尺寸数字以外,还要标注配合代号。（　）
6. 在正常情况下气缸磨损在长度方向上不均匀,在周围方向是比较均匀的。（　）
7. 电动势的实际方向规定为从正极指向负极。（　）
8. 稳压二极管正极应接被稳定电压的正极,稳压二极管负极应接被稳定电压的负极。（　）
9. 发动机纵向传出的转矩经驱动桥后,使其改变180°后横向传出。（　）
10. 四冲程汽油机可燃混合气需要点燃。（　）
11. 节气门全开时的速度特性叫发动机外特性。（　）
12. EGR控制系统是将适量废气重新引入气缸燃烧,从而提高气缸的最高温度。（　）
13. 进气门迟闭角随着发动机转速上升应加大。（　）
14. 若前轮抱死,则汽车的转向操纵性能将丧失。（　）
15. 转向器的功用是增大由转向盘传到转向节的力,并改变力的传递方向。（　）
16. 转向系的角传动比越大,则转向越轻便、越灵敏。（　）
17. 液力变矩器中的单向离合器使导轮仅可单方向旋转。（　）
18. 节气门位置传感器调整不当不会使自动变速器不能强制降挡。（　）
19. 汽车空调制冷剂回收/净化/加注设备,应符合相关标准并通过质量合格评定,称重装置应在检定有效期内。（　）
20. 制冷剂的净化是指用专用设备对回收的制冷剂进行循环过滤,去除其中的油、水、酸和其他杂质,使其能够重新利用的过程。（　）
21. 汽车空调是根据物质状态改变时吸收或释放热量这一基本热原理工作的。（　）
22. 铅酸蓄电池用的电解液是由纯硫酸和自来水配制而成的。（　）

23. 喇叭的音量越响越好。（　　）
24. 汽车电喇叭的音量大小取决于喇叭筒长短。（　　）
25. 晴天刮除挡风玻璃上的灰尘时，应先接通刮水器，再接通洗涤器。（　　）
26. 为了防止外界电磁干扰和数据传输时对外辐射，CAN-BUS数据总线采用了2条数据线绕在一起的方式。（　　）
27. 在进行维修工作时，应穿上铁头安全鞋保护脚趾不受伤害。（　　）
28. 轮胎气压应保持在标准气压范围之内，以冷态为准。（　　）
29. 手动变速器的锁止装置主要有自锁、互锁和倒挡锁。其中出现乱挡是因为互锁装置失效。（　　）
30. 车轮外倾角过大、过小，都会加剧轮胎的偏磨损。外倾角过大，轮胎外侧偏磨损严重，外倾角过小，轮胎内侧偏磨损增加。（　　）

二、单选题（本大题共30小题，每小题3分，共90分）

1. 客车的主参数代号用（　　）表示。
   A. 总质量　　　　　　　　B. 长度
   C. 排量　　　　　　　　　D. 高度

2. 无级变速器的英文简写是（　　）。
   A. MT　　　　　　　　　　B. AT
   C. CVT　　　　　　　　　 D. VVT

3. 柴油的发火性是指（　　）。
   A. 火花塞点火燃烧的能力　　B. 火柴点燃的难易程度
   C. 能点燃烧的最低温度　　　D. 自燃能力

4. （　　）一般适用于外形比较简单、内部结构较为复杂的机件。
   A. 全剖视图　　　　　　　　B. 半剖视图
   C. 局部剖视图　　　　　　　D. 斜剖视图

5. 柴油的低温流动性的评价指标有（　　）。
   A. 闪点　　　　　　　　　　B. 浊点
   C. 馏程　　　　　　　　　　D. 十六烷值

6. 改用"凸顶活塞"后，发动机的压缩比（　　）。
   A. 不变　　　　　　　　　　B. 降低
   C. 提高　　　　　　　　　　D. 先升高后降低

7. 电感的单位是（　　）。
   A. 法拉　　　　　　　　　　B. 亨利
   C. 欧姆　　　　　　　　　　D. 伏特

8. 如图1所示为(　　)型三极管。
   A. NPN　　　　　　　　　　　B. PNP
   C. NPP　　　　　　　　　　　D. PNN

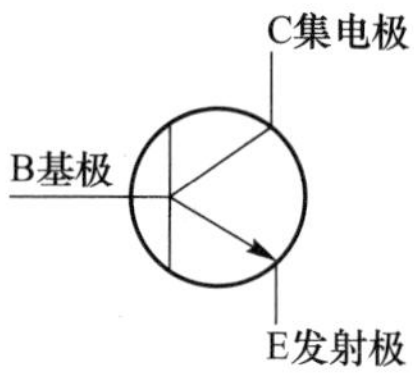

   图1　题8图

9. 电控发动机(　　)用于减小燃油压力波动。
   A. 油泵　　　　　　　　　　　B. 油压缓冲器
   C. 油压调节器　　　　　　　　D. 油管

10. 蜡式节温器中的蜡泄漏时，会使(　　)。
    A. 水流只能进行大循环　　　　B. 水流只能进行小循环
    C. 大、小循环都不能进行　　　D. 对冷却系统没有影响

11. 在安装正扭曲环时应保证(　　)。
    A. 内切口向下，外切口向上　　B. 内切口向上，外切口向下
    C. 内切口向上，外切口向上　　D. 内切口向下，外切口向下

12. 柴油的十六烷值，一般为(　　)。
    A. 10—20　　　　　　　　　　B. 20—40
    C. 40—60　　　　　　　　　　D. 60—80

13. 氧传感器顶端的正常颜色应为(　　)。
    A. 白色　　　　　　　　　　　B. 红棕色
    C. 淡灰色　　　　　　　　　　D. 黑色

14. 变速器通过不同的传动比啮合副改变(换挡)达到变换转速得到不同的(　　)，保证汽车克服不同的道路阻力。
    A. 扭矩　　　　　　　　　　　B. 力矩
    C. 转速　　　　　　　　　　　D. 传动比

15. 充电警示灯用来指示(　　)系统的工作情况。
    A. 起动　　　　　　　　　　　B. 发电机
    C. 电源　　　　　　　　　　　D. 蓄电池

16. 发动机纵置时，主减速器为一对(　　)。
    A. 直齿轮　　　　　　　　　　B. 圆锥齿轮
    C. 圆柱齿轮　　　　　　　　　D. 斜齿轮

17. 汽车耗油量最少的行驶速度是(　　)。
    A. 低速　　　　　　　　　　　B. 中速
    C. 全速　　　　　　　　　　　D. 超速

18. 所有普通十字轴式刚性万向节"传动的不等速性"是指主动轴等角速度旋转时，(　　)。
    A. 从动轴的转速不相等　　　　B. 从动轴在一周中的角速度是变化的

C. 从动轴的转速是相等的　　　　　D. 从动轴在一周中的角速度是相等的

19. 物质由液态变为气态的过程称为（　　）。
　　A. 汽化　　　　　　　　　　　　B. 蒸发
　　C. 液化　　　　　　　　　　　　D. 以上都不对

20. 汽车空调制冷系统的冷凝器、蒸发器，统称为（　　）器。
　　A. 换能　　　　　　　　　　　　B. 换气
　　C. 热交换　　　　　　　　　　　D. 交流

21. 转向盘自由行程的作用是（　　）。
　　A. 缓和路面冲击　　　　　　　　B. 使转向的灵敏度
　　C. 使车辆克服车轮摆振

22. （　　）用于测试发电机端电压。
　　A. 万用表　　　　　　　　　　　B. 气压表
　　C. 真空表　　　　　　　　　　　D. 油压表

23. 关于喇叭长鸣故障，甲说喇叭长鸣故障的原因可能是喇叭继电器触点烧结；乙说喇叭长鸣故障的原因可能是喇叭继电器短路。你认为以上观点（　　）。
　　A. 甲正确　　　　　　　　　　　B. 乙正确
　　C. 甲乙都正确　　　　　　　　　D. 甲乙都不正确

24. 某车窗只能朝一个方向运动的可能原因，描述不正确的是（　　）
　　A. 安全开关故障　　　　　　　　B. 车窗开关损坏
　　C. 连接线路短路　　　　　　　　D. 车窗电机损坏

25. 交流发电机用电压调节器式通过调整（　　）来保证发电机输出电压的。
　　A. 发电机转速　　　　　　　　　B. 发电机励磁电流
　　C. 发电机输出电流　　　　　　　D. 蓄电池励磁电流

26. ECU根据（　　）信号对点火提前角实行反馈控制。
　　A. 水温传感器　　　　　　　　　B. 曲轴位置传感器
　　C. 爆燃传感器　　　　　　　　　D. 车速传感器

27. 下列关于维修操作说法错误的是（　　）。
　　A. 拧紧螺栓螺母不宜使用活动扳手
　　B. 拆下螺栓或螺钉后一个明智的做法是拆除后立即用手将螺栓或螺钉装回原螺孔中一定深度
　　C. 为避免气动或电动工具对手造成冲击伤害，可将橡胶套安装在工具手柄上，这样能够减少冲击
　　D. 对铝制零部件进行敲击时，应使用黄铜棒敲击

28. 曲轴主轴颈和连杆轴颈的修理尺寸根据轴颈中磨损(　　)轴颈确定。
    A. 最小的　　　　　　　　　　B. 最大的
    C. 第一道　　　　　　　　　　D. 最后一道

29. 正面安全气囊与(　　)配合才能充分发挥作用。
    A. 方向盘　　　　　　　　　　B. 手刹
    C. 座椅　　　　　　　　　　　D. 安全带

30. 驾驶过程中，急踩刹车，车轮抱死，可以初步判定(　　)。
    A. 真空助力泵不工作　　　　　B. 车速传感器工作异常
    C. ABS 不工作　　　　　　　　D. 制动液不够

汽车维修类专业理论考试模拟试题(四)

一、判断题(本大题共30小题,每小题2分,共60分。正确的填涂√、错误填涂×)

1. CA6102代表六缸,四行程,缸径为102 mm,风冷通用型。（   ）
2. 载货汽车的等级是按最大装载质量划分的,可分为微型、轻型、中型和重型四个等级。（   ）
3. 汽车的总重是汽车自重和承载量的总和。（   ）
4. 主视图反映物体的上下左右四个方位。（   ）
5. 偏差值可以大于零、等于零,也可以小于零；而公差值恒为正。（   ）
6. 在电阻串联电路中,电阻值大的电阻分的电压高,电阻值小的电阻分的电压低。（   ）
7. "度"是电功率的一种单位。（   ）
8. 我国轿车一般按发动机排量的大小来分级。（   ）
9. 因为发动机的排气压力较进气压力大,所以在5气门式的配气机构中,往往采用两个进气门和三个排气门。（   ）
10. 润滑系具有冷却作用。（   ）
11. 现代汽车的动力装置主要选用往复活塞式内燃机。（   ）
12. 只要装有冷却风扇的发动机都为风冷发动机。（   ）
13. 进气门迟闭角随着发动机转速上升应加大。（   ）
14. 两轴式变速器没有传动效率非常高的直接挡。（   ）
15. 当变速器处于空挡时,所有拨叉轴侧面凹槽同互锁钢球、互锁销都不在一条直线上。（   ）
16. 刚性万向节是靠弹性零件传递的,具有缓冲减振的作用。（   ）
17. 对于十字轴式万向节来说,主、从动轴的交角越大,则传动效率越高。（   ）
18. 汽车行驶过程中,传动轴的长度可以自由变化。（   ）
19. 对于十字轴万向节而言,其主、从动轴的平均转速是相等的。（   ）
20. 压缩机将气态制冷剂压缩成低温、低压状态而输出到冷凝器。（   ）
21. 空调电磁离合器的功用是控制发动机和压缩机之间的动力联系。（   ）
22. 膨胀阀一般安装在蒸发器入口处。（   ）
23. 起动机的电磁开关中两个线圈分别是保持线圈和吸引线圈。（   ）

24. 起动机在主电路接通后，保持线圈被短路。 （　　）
25. 牌照灯属于信号及标志用灯具。 （　　）
26. 调整喇叭下铁芯可调整喇叭音调。 （　　）
27. 梅花扳手和套筒扳手在拆装过程中优先选用。 （　　）
28. 棘轮扳手一般不作为安装螺母时最终紧固用工具，最终紧固要选用滑杆来完成。 （　　）
29. 百分表长指针转动一圈，短指针移动 2 mm 的指示行程。 （　　）
30. 操作风炮时，一定不能佩戴手套。 （　　）

二、单选题（本大题共30小题，每小题3分，共90分）

1. 我国标准中将汽车分为（　　）两种。
   A. 乘用车　商用车　　　　　　　B. 轿车　卡车
   C. 乘用车　专用车　　　　　　　D. 民用车　商用车

2. 在设计上和技术特性上主要用于载运乘客和随身行李或临时物品的不超过9座的汽车是（　　）。
   A. 商用车　　　　　　　　　　　B. 普通乘用车
   C. 旅行车　　　　　　　　　　　D. 多用途乘用车

3. 能反映物体各结构之间上下和前后的位置关系的是（　　）。
   A. 主视图　　　　　　　　　　　B. 俯视图
   C. 左视图　　　　　　　　　　　D. 仰视图

4. 通常所说的三视图是（　　）。
   A. 主视图、俯视图、仰视图　　　B. 主视图、俯视图、左视图
   C. 主视图、仰视图、左视图　　　D. 俯视图、仰视图、左视图

5. 孔的实际尺寸小于轴的实际尺寸的配合称为（　　）。
   A. 间隙配合　　　　　　　　　　B. 过盈配合
   C. 过渡配合　　　　　　　　　　D. 完全配合

6. 使用数字万用表进行电阻测量时，应将黑表笔接（　　）端。
   A. COM　　　　　　　　　　　　B. V·Ω
   C. A/mA　　　　　　　　　　　　D. 都可以

7. 二极管具有（　　）导电特性。
   A. 双向　　　　　　　　　　　　B. 单双向
   C. 单向　　　　　　　　　　　　D. 放大

8. 镗削气缸的目的（　　）。
   A. 消除气缸表面的裂纹　　　　　B. 消除气缸表面形状误差
   C. 改善气缸表面光洁度　　　　　D. 正常保养

9. 活塞销和连杆衬套的配合在常温下应有( )。
   A. 0.002 5 mm 的微量过盈　　B. 0.008～0.013 mm 的微量间隙
   C. 0.15～0.20 mm 的微量间隙　　D. 0.8～0.13 mm 的微量间隙

10. 发动机冷却系统发动机保持的最佳温度为( )。
    A. 80 ℃～90 ℃　　B. 60 ℃～70 ℃
    C. 95 ℃～100 ℃　　D. 100 ℃以上

11. 曲轴轴瓦装入座孔后，轴瓦接合面应( )座孔。
    A. 高于　　B. 低于
    C. 平齐　　D. 无所谓

12. 发动机磨合时应使用黏度( )的润滑油。
    A. 较高　　B. 中等
    C. 较低　　D. 任意

13. 活塞由上止点运动到下止点，活塞顶部所扫过的容积称为( )。
    A. 燃烧室容积　　B. 气缸工作容积
    C. 发动机排量　　D. 气缸总容积

14. 变速器自锁装置的作用是( )。
    A. 防止跳挡　　B. 防止同时挂上两个挡
    C. 防止误挂倒挡　　D. 防止互锁

15. 关于乱挡原因，下列说法错误的是( )。
    A. 互锁装置失效如拨叉轴、互锁销或互锁钢球磨损过甚
    B. 变速杆下端弧形工作面磨损过大或拨叉轴上拨块的凹槽磨损过大
    C. 变速杆球头定位销折断或球孔、球头磨损过于松旷
    D. 自锁装置的钢球或凹槽磨损严重，自锁弹簧疲劳过软或折断

16. 变速器磨合过程中，油温应在( )。
    A. 10 ℃～15 ℃　　B. 15 ℃～65 ℃
    C. 65 ℃～100 ℃　　D. 10 ℃以下

17. 所有普通十字轴式刚性万向节"传动的不等速性"是指主动轴角速度旋转时，( )。
    A. 从动轴的转速不相等　　B. 从动轴在一周中的角速度是变化的
    C. 从动轴的转速是相等的　　D. 从动轴在一周中的角速度是相等的

18. 关于引起传动轴动不平衡的原因，以下说法错误的是( )。
    A. 传动轴上的平衡块脱落　　B. 传动轴弯曲或传动轴管凹陷
    C. 伸缩叉安装错位　　D. 中间支承安装方法不当

19. 汽车变速器（　　）的主要作用是改变转矩、转速和旋转方向。
　　A. 变速操纵机构　　　　　　　　B. 变速传动机构
　　C. 安全装置　　　　　　　　　　D. 齿轮

20. 蒸发压力调节器的作用是（　　）。
　　A. 防止膨胀阀结冰　　　　　　　B. 防止制冷剂流量过大
　　C. 防止蒸发器结霜　　　　　　　D. 防止制冷剂压力过大

21. 如果压缩机电磁离合器不工作，可能的原因是（　　）。
　　A. 环境温度过高　　　　　　　　B. 膨胀阀结冰
　　C. 制冷剂严重缺乏　　　　　　　D. 压缩机损坏

22. 如果制冷循环系统的制冷剂不足，接上压力表后会显示（　　）。
　　A. 高低压表均显示压力过高
　　B. 高低压表均显示压力过低
　　C. 高压表显示压力低，低压表显示压力高
　　D. 高压表显示压力高，低压表显示压力低

23. 对于免维护蓄电池，电量显示孔显示（　　）时，说明该更换蓄电池。
　　A. 白色　　　　　　　　　　　　B. 红色
　　C. 绿色　　　　　　　　　　　　D. 黄色

24. 电喇叭继电器搭铁或继电器触点烧结，均会导致电喇叭（　　）
　　A. 不响　　　　　　　　　　　　B. 长鸣
　　C. 声音异常　　　　　　　　　　D. 音量过小

25. 电动刮雨器属于电气设备中的（　　）系统。
　　A. 电源　　　　　　　　　　　　B. 点火
　　C. 起动　　　　　　　　　　　　D. 辅助

26. 某车窗只能朝一个方向运动的可能原因，描述不正确的是（　　）。
　　A. 安全开关故障　　　　　　　　B. 车窗开关损坏
　　C. 连接线路短路　　　　　　　　D. 车窗电机损坏

27. 汽车一、二级维护是（　　）在进行操作。
　　A. 汽车维修工　　　　　　　　　B. 驾驶员
　　C. 服务顾问　　　　　　　　　　D. 技术总监

28. 动力转向液中，若液压油中有大量的气泡，是因为（　　）。
　　A. 液压油中混入水分　　　　　　B. 液压油中混入空气
　　C. 正常现象　　　　　　　　　　D. 以上都不对

29. 按照 API 等级，下列（　　）等级最高。
　　A. SL　　　　　　　　　　　　　B. SM

C. SF
D. SE

30. 如长期在市区驾驶汽车停车起步频繁会加剧发动机磨损、加快机油污染，因此需（　　）。

A. 延长换油期
B. 缩短换油周期
C. 按正常公里数换油
D. 加入新机油

汽车维修类专业理论考试模拟试题(五)

一、判断题(本大题共30小题,每小题2分,共60分。正确的填涂√、错误填涂×)

1. 汽车驱动力等于汽车行驶中的总阻力时,汽车就加速运动。（ ）
2. 汽车正常行驶时所能获得的最大驱动力总是大于或等于车辆的附着力。（ ）
3. 画主视图时应尽量按零件在加工时所处的位置作为投影方向。（ ）
4. 零件图中,应尽可能多地绘制多个视图,力求表示清晰。（ ）
5. 随着表面粗糙度值的降低,加工费用则要减小。（ ）
6. 三极管是由三个 PN 结组成的。（ ）
7. 电动势的实际方向规定为从正极指向负极。（ ）
8. 气门重叠角越大越好。（ ）
9. 只有当驱动力大于各种阻力之和时,汽车才会加速行驶。（ ）
10. 发动机后置后驱传动系主要用于某些大型客车上。（ ）
11. 在四行程发动机中,曲轴旋转两圈各缸做功一次。（ ）
12. 汽油机常用干式缸套,而柴油机常用湿式缸套。（ ）
13. 安装气缸垫时,光滑面应朝向气缸体;若气缸体为铸铁材料,缸盖为铝合金材料,光滑的一面应朝向缸盖。（ ）
14. 十字轴式刚性万向节主要用于发动机前置后轮驱动的变速器与驱动桥之间。（ ）
15. 传动轴两端的连接件装好后,只做静平衡试验,不用做动平衡试验。（ ）
16. 汽车直线行驶时,两半轴存在转速差。（ ）
17. 对于对称式锥齿轮差速器来说,当两侧驱动轮的转速不相等时,行星齿轮既自转又公转。（ ）
18. 在踩下离合器塔板时应该缓慢,松离合器踏板时应迅速。（ ）
19. 离合器的摩擦衬片上粘有油污后,可得到润滑。（ ）
20. 低压蒸气软管用于连接压缩机和冷凝器的。（ ）
21. 压缩机输出端连接高压管路、冷凝器、贮液干燥器和液体管路,并构成高压侧。（ ）
22. 压缩机将气态制冷剂压缩成低温、低压状态而输出到冷凝器。（ ）
23. 汽车上安装喇叭继电器可防止喇叭开关触点烧蚀。（ ）

24. 雨刮电机失效会导致雨刮器的高、低速挡正常工作，间歇挡不工作。（　）
25. 汽车刚起动时，硅整流发电机是他励，随后一直是自励的。（　）
26. 每个电动后视镜的镜片后都有4个电动机来调节视野。（　）
27. 只有当车辆出现故障才需进行车辆的维护。（　）
28. 发动机在使用中，冷却水的温度越低越好。（　）
29. 对所有进站维修、保养完毕的车辆，在交付用户之前必须进行全面的维修质量检查，并符合"维修保养质检工艺"。（　）
30. 冷却液的液位检查必须将储液罐盖子打开，释放压力。（　）

二、单选题（本大题共30小题，每小题3分，共90分）

1. 在平直路面等速行驶的汽车受（　　）阻力的作用。
   A. 滚动阻力
   B. 空气阻力
   C. 滚动阻力和空气阻力
   D. 滚动阻力、空气阻力、坡道阻力和加速阻力

2. 汽车的最高车速是指在（　　）行驶时所能达到的最高车速。
   A. 空载   B. 平坦公路
   C. 满载平坦公路   D. 高速路

3. 客车的主参数代号用（　　）表示。
   A. 总质量   B. 长度
   C. 排量   D. 高度

4. 任何一个物体都有长、宽、高三个方向的尺寸。主视图反映的是物体（　　）两个方向的尺寸；俯视图反映的是物体（　　）两个方向的尺寸；左视图反映的是物体（　　）两个方向的尺寸。　①长和高；②长和宽；③宽和高。正确答案是（　　）。
   A. ②③①   B. ①③②
   C. ①②③   D. ②①③

5. 在有关尺寸的术语中，尺寸符合极限条件时，下列正确的是（　　）。
   A. $D_a \leq D_{max} \leq D_{min}$ B. $D_a \leq D_{min} \leq D_{max}$
   C. $D_{min} \leq D_a \leq D_{max}$ D. $D_{max} \leq D_a \leq D_{min}$

6. 三极管在判断PN结时，将数字万用表的红表笔放在中间引脚，黑表笔放在任意的引脚，如导通则说明此三极管为（　　）。
   A. NPN型   B. PNP型
   C. BPB型   D. 无法判断

7. 灯泡A为"6 V，12 W"，灯泡B为"9 V，12 W"，灯泡C为"12 V，12 W"，它们都在各自的额定电压下工作，以下说法正确的是（　　）。

A. 三个灯泡一样亮 B. 三个灯泡电阻相同
C. 灯泡 C 最亮 D. 灯泡 A 最亮

8. 真空制动助力器的真空源一般是（　　）。
   A. 真空泵 B. 进气歧管
   C. 排气管 D. 排气总管

9. 机油细滤器上限压阀的作用是（　　）。
   A. 防止细滤器油压过高 B. 防止细滤器油压过低
   C. 保证主油道供油 D. 防止粗滤器油压过低

10. 曲轴与凸轮轴之间的传动比为（　　）。
    A. 2∶1 B. 1∶2
    C. 1∶1 D. 3∶2

11. 设某发动机的进气提前角为 α，进气迟关角为 β，排气提前角为 γ，排气迟关角为 δ，则该发动机的进、排气门重叠角为（　　）。
    A. $\alpha+\beta$ B. $\beta+\gamma$
    C. $\alpha+\delta$ D. $\alpha+\gamma$

12. 四冲程发动机转速为 2 000 r/min 时，则同一气缸的进气门，在一分钟内开闭的次数应该是（　　）。
    A. 2 000 次 B. 1 000 次
    C. 500 次 D. 4 000 次

13. 排气门的锥角一般为（　　）。
    A. 30° B. 45°
    C. 60° D. 75°

14. 柔性万向节适用于两轴间夹角为（　　）。
    A. 1°～3° B. 3°～5°
    C. 5°～7° D. 其他

15. 驱动桥行驶时驱动桥有异响，脱挡滑行时异响减弱或消失说明（　　）。
    A. 圆锥和圆柱主从动齿轮、行星齿轮、半轴齿轮啮合间隙过大
    B. 主动锥齿轮轴承松旷
    C. 差速器行星齿轮半轴齿轮不匹配
    D. 车轮轮毂轴承损坏，轴承外圈松动

16. 汽车直线行驶时无异响，当汽车转弯时驱动桥处有异响说明（　　）。
    A. 主、从动锥齿轮啮合不良
    B. 差速器行星齿轮半轴齿轮不匹配，使其啮合不良
    C. 制动鼓内有异物

D. 齿轮油加注过多
E. 主减速器损坏

17. 行驶时驱动桥有异响，脱挡滑行时亦有异响说明（　　）。
    A. 半轴齿轮花键槽与半轴的配合松旷 B. 主动圆柱齿轮轴承松旷
    C. 差速器十字轴轴颈磨损   D. 轴承处过热

18. 当自锁装置失效时，变速器容易造成（　　）故障。
    A. 乱挡   B. 跳挡
    C. 异响   D. 挂挡后不能退回空挡

19. 四轮驱动的越野车一般比普通轿车增加了（　　）。
    A. 分动器   B. 发动机
    C. 变速器   D. 主减速器

20. 如果湿度达到100%，干湿球温度计的插值达到（　　）。
    A. 最小   B. 最大
    C. 不一定   D. 一半

21. 如果要使某一物质液化，压力应（　　）。
    A. 提高   B. 减小
    C. 不变   D. 不确定

22. 发电机发电量过大的原因是（　　）。
    A. 定子断路   B. 电压调节器损坏
    C. 转子线圈断路   D. 换向器损坏

23. 当发电机电刷损坏时，发电机将不发电，其原因是电刷损坏后，将使（　　）。
    A. 励磁电路断路   B. 一相绕组断路
    C. 输出线路中断   D. 中性点输出线路中断

24. 雨刮器的高、低速挡正常工作，间歇挡不工作，可能的原因是（　　）。
    A. 雨刮系统控制线路故障   B. 洗涤电机失效
    C. 雨刮开关故障   D. 雨刮电机失效

25. 引起车辆某一扇车窗不能工作的可能原因是（　　）。
    A. 电路短路   B. 主开关短路
    C. 车门开关断路   D. 主熔断丝熔断

26. 电动后视镜一侧上下不能调整的原因是（　　）。
    A. 电动机故障   B. 熔断器熔断
    C. 开关故障   D. 搭铁不良

27. 下列语句中正确的（　　）。
    A. 更换机油后，排放塞垫片不需要更换

B. 在排放机油之间不需要打开机油加注口盖

C. 新的机滤安装之前，要在机油滤清器密封圈上涂抹机油进行润滑

D. 机油加完以后可以直接出厂，无需要检查其油位

28. ( )是为了进一步强调维护的重要性，防止追求眼前利益和不重视及时维护所造成的车辆故障，汽车维护必须是定期进行的，基本作业项目为定期维护内容。

  A. 强制维护   B. 预防为主

  C. 定期检测   D. 视情修理

29. 发动机润滑油具有( )，是指它能吸附在金属表面，防止水和酸性气体对金属的腐蚀。

  A. 密封作用   B. 润滑作用

  C. 防锈作用   D. 清洗作用

30. 轮胎的型号为 205/65 R15 86 H，轮胎高为( )。

  A. 133   B. 205

  C. 65   D. 86

汽车维修类专业理论考试模拟试题（六）

一、**判断题**（本大题共 30 小题，每小题 2 分，共 60 分。正确的填涂√、错误填涂×）

1. 根据发动机的压缩比选用汽油时，压缩比大，应选用高牌号的汽油。（　）
2. 行驶系统与发动机协同工作，以保证汽车在各种行驶条件下正常行驶所必需的驱动力与车速。（　）
3. 橡胶是以合成树脂为基材，加入适当的添加剂制成的。（　）
4. 正投影不能够如实地反映物体的形状和大小。（　）
5. 区域钢化玻璃由于没有全钢化，不能用作汽车的挡风玻璃。（　）
6. 电流表内阻越小，电压表内阻越大，测量结果会越准确。（　）
7. 将二极管正极与电源正极相接，二极管负极与电源负极相接，二极管会呈导通状态。（　）
8. 当电池短路时，电流很大，则说明功率很大。（　）
9. 排气门迟闭的目的是借助汽缸内的高压自行排气，减小排气阻力，使排气干净。（　）
10. 进气门晚关的目的是延长进气时间，利用气流惯性，增加进气量。（　）
11. 节气门不全开的任意位置所得到的速度特性都称为部分特性。（　）
12. 在永磁式起动机中，电枢是用永久磁铁制成的。（　）
13. 为保证与轴承座贴合紧密，要求曲轴轴承在自由状态下的曲率半径小于座孔的曲率半径。（　）
14. 分离轴承缺油容易导致膜片离合器工作异响。（　）
15. 变速器传动比小的挡位称为低挡，传动比大的挡位称为高挡。（　）
16. 转向驱动桥中，与车轮相连的半轴必须分成两段，中间用等速万向节连接。（　）
17. 车桥的基本功用是安装车轮和悬架，传递车架与车轮之间的各种作用力。（　）
18. 车辆静止时，若一侧半轴齿轮受到其他外来力矩转动，则另一侧半轴齿轮会以相同的角度和方向旋转。（　）
19. 汽车空调制冷剂回收、净化、加注机经过专业培训但无上岗证书的维修人员认可进行操作。（　）
20. 空调系统加注制冷剂后需要按照一定要求，正确加注冷冻机油。（　）
21. 集液器内部干燥剂能单独更换，若有情况表明干燥剂失效，必须更换集液器整体。（　）
22. 火花塞间隙过小，高压火花变弱。（　）

23. 电池上的通气孔应经常保持清洁。（   ）

24. 正常情况下，蓄电池电解液液面应高于10～15 mm。若低于规定位置，则应适当加水至电解液上刻度线。（   ）

25. 使用风窗玻璃洗涤器时，应先开动刮水器，再开动洗涤液泵。（   ）

26. 可以用万用表去检测安全气囊电爆管的电阻。（   ）

27. 气缸的圆度误差是指同一高度、不同方向测量的两个直径之差。（   ）

28. 只有当车辆出现故障才需进行车辆的维护。（   ）

29. 电子节气门上如有积碳和油泥，应使用钢丝刷涮洗并擦拭干净。（   ）

30. 手动变速器拨叉轴上固定拨叉的紧固螺钉松动，会导致变速箱挂挡困难。（   ）

二、单选题（本大题共30小题，每小题3分，共90分）

1. 发动机机油检查错误的是(   )。
   A. 拔出机油标尺是，油面应位于标尺上最低（MIN）和最高（MAX）两刻线之间。
   B. 发动机停机后，应立即检查机油状况。
   C. 一般情况下，发动机消耗机油是正常的。
   D. 发动机机油缺少时，应立即补充机油，否则会损坏发动机。

2. 汽车以最小的燃料消耗完成单位（行程）运输工作量的能力称为汽车的(   )。
   A. 燃料经济性   B. 技术经济性
   C. 动力性   D. 稳定性

3. 在基本视图中，由下向上投影所得到的视图称为(   )。
   A. 基本视图   B. 俯视图
   C. 仰视图   D. 右视图

4. 发动机润滑油的黏度是随温度变化的，温度升高，黏度(   )。
   A. 变大   B. 变小
   C. 不变   D. 急剧变大

5. 齿轮油必须要有好的抗氧化能力，延缓氧化速度。一般采取加入(   )的方法改善有的品质。
   A. 抗氧化剂   B. 极压抗磨剂
   C. 抗腐蚀剂   D. 以上都不是

6. 在 10 W40、15 W40、20 W50 中，"W"后面的数字越大代表(   )。
   A. 其适用的温度越广，越可以在低温使用低温流动性能越好
   B. 代表黏度，其数字越大说明其黏度越大
   C. 黏度越稀，粘度指数越高
   D. 质量等级越高，价钱越贵

7. 在检测（　　）时，不需要分正负极。
   A. 电流　　　　　　　　　　　　B. 电压
   C. 二极管　　　　　　　　　　　D. 电阻

8. 易熔线主要用于保护（　　）电路。
   A. 小电流　　　　　　　　　　　B. 一般电流
   C. 大电流　　　　　　　　　　　D. 过电压

9. 汽油车检测排放时，发动机应处于（　　）状态。
   A. 中速　　　　　　　　　　　　B. 低速
   C. 怠速　　　　　　　　　　　　D. 加速

10. 电阻型氧传感器是（　　）。
    A. 氧化锆式氧传感器　　　　　　B. 氧化钛式氧传感器
    C. 宽带型氧传感器　　　　　　　D. 复合型氧传感器

11. 关于火花塞检测，甲说：定期或在对某缸火花塞性能有怀疑时，可进行单缸断火试验。乙说：根据发动机运转情况判断火花塞的好坏，若性能不良或有明显损坏时，一般应予更换。对于以上说法（　　）。
    A. 甲正确　　　　　　　　　　　B. 乙正确
    C. 甲乙都正确　　　　　　　　　D. 甲乙都不正确

12. 电控发动机可用（　　）检查油压调节器是否有故障。
    A. 模拟式万用表　　　　　　　　B. 万用表
    C. 油压表　　　　　　　　　　　D. 油压表或万用表

13. 作功顺序为1—3—4—2的发动机，在第三缸活塞压缩上止点时，可以检查调整（　　）气门间隙。
    A. 3缸的进、排气门和4，2缸的进气门
    B. 1、4缸的进气门和2缸的排气门
    C. 3缸的进、排气门和4缸的排气门和1缸的进气门
    D. 1、4缸的进气门和3缸的排气门

14. 制动踏板轴卡滞会导致汽车（　　）。
    A. 制动拖滞　　　　　　　　　　B. 制动甩尾
    C. 制动失效　　　　　　　　　　D. 制动过迟

15. 轿车的轮辋一般是（　　）。
    A. 深式　　　　　　　　　　　　B. 平式
    C. 可拆式　　　　　　　　　　　D. 圆形式

16. 为消除传动系的扭转振动，从动盘一般都带有（　　）。
    A. 摩擦片　　　　　　　　　　　B. 从动盘毂

C. 扭转减振器 D. 铆钉

17. 发动机横置时,主减速器为一对( )。
   A. 直齿轮 B. 圆锥齿轮
   C. 圆柱齿轮 D. 斜齿轮

18. ( )不是引起高速打摆现象的主要原因。
   A. 前轮胎修补、前轮辋变形、前轮毂螺栓短缺引起动不平衡
   B. 减振器失效,前钢板弹力不一致
   C. 车架变形或铆钉松动
   D. 前束过大、车轮外倾角、主销后倾角变小

19. 汽车空调制冷系统中的节流装置,是冷凝器内的( )制冷剂进入低压空间即蒸发器的"阀门"。
   A. 高压气态 B. 低压液态
   C. 低压气态 D. 高压液态

20. 在交通部《汽车空调制冷剂回收、净化、加注工艺规范》中,制冷剂回收是指哪一个过程( )。
   A. 用专用设备将制冷装置中的制冷剂收集到特定外部容器中的过程
   B. 用专用设备对回收的制冷剂进行循环过滤,去除其中的非凝性气体、油、水、酸和其他杂质,使其能够重新利用的过程
   C. 用专用设备将制冷剂加注到制冷装置中的过程
   D. 用专用设备和指定方法对制冷装置内部进行清洁的过程

21. 汽车空调贮液干燥器的功用是( )。
   A. 防止系统中水分与制冷剂发生化学作用
   B. 防止节流元件处结冰和堵塞
   C. 随时向系统补充制冷剂
   D. 本题其他答案全对

22. 对于免维护蓄电池,电量显示孔显示( )时,说明该更换蓄电池。
   A. 白色 B. 红色
   C. 绿色 D. 黄色

23. ( )不能导致左后侧电动车门锁不能锁定。
   A. 熔断器故障 B. 开关故障
   C. 搭铁不良 D. 点火开关故障

24. 传统点火系统中不是附加电阻的作用是( )。
   A. 发动机低速时,防止点火线圈过热
   B. 提高电路和磁通的变化率

C. 起动发动机时，改善发动机的起动性能

D. 发动机高速时，防止发动机断火

25. 能将反射光束扩展分配，使光线分布更适宜汽车照明的器件是（　　）。

    A. 反射镜 B. 配光镜
    C. 配光屏 D. 溴钨灯

26. 突然用力拉动安全带时，安全带会发生（　　）现象。

    A. 立即收紧 B. 立即松开
    C. 缓慢收紧 D. 缓慢松开

27. 百分表使用不符合要求的是（　　）。

    A. 要检查其量杆移动的是否灵活
    B. 指针是否跳动或有不回位的现象
    C. 为保证测量的准确，在测量时应使量杆平行于被测表面
    D. 在测圆柱形零件时，应使量杆与零件的直径方向一致

28. 将同步器锁环套在齿轮的齿端锥面上时，两个端面之间完全接触而无间隙，说明两锥面磨损（　　）。

    A. 严重 B. 中等
    C. 正常 D. 根本没有

29. 活塞环要保持正常间隙，若端隙过大不可能造成（　　）。

    A. 窜气 B. 机油消耗增加
    C. 发动机功率下降 D. 卡死

30. 假设某车大灯小灯共用负极，如果在打开前大灯时，发现大灯和小灯均亮，但为微亮，下列最有可能的原因为（　　）。

    A. 灯光开关损坏 B. 断路
    C. 短路 D. 搭铁不良

汽车维修类专业理论考试模拟试题（七）

一、判断题（本大题共30小题，每小题2分，共60分。正确的填涂√、错误填涂×）

1. 汽车驱动力的大小取决于发动机输出功率的大小。（　　）
2. 汽车的最小离地间隙，是指汽车满载时，汽车最低点离地面的距离（mm）。（　　）
3. 汽车的出现得益于一代一代的汽车人的集体功劳，而不能说是哪一个人的成果，只能说某个人集合了大家的集体智慧，设计出了汽车。（　　）
4. 按照外形不同，曲轴可以分为光轴和阶梯轴两种。（　　）
5. 根据轴所受的载荷不同，轴可以分为曲轴、直轴和挠性轴三类。（　　）
6. 当加载在电阻的电压为10 V时，电阻为5 Ω，则将电压提高到20 V，其电阻也相应提高为10 Ω。（　　）
7. 晶体管的三个电极分别为基极、集电极、负极。（　　）
8. 四冲程直列六缸发动机作功间隙角为360°/6=60°。（　　）
9. 活塞环槽是活塞的最大磨损部位，其中第一道环槽磨损最严重。（　　）
10. 气缸盖螺栓应按规定拧紧力矩一次性拧紧。（　　）
11. 排气门的材料一般要比进气门的材料要好些。（　　）
12. 活塞环边隙过大，将影响环的密封作用需要重新选配，因此，边隙越小越好。（　　）
13. 水温表是用来指示发动机水箱下部冷却水工作温度的。（　　）
14. 对称式锥齿轮差速器当行星齿轮有自转时，转矩不是平均分配给左、右两半轴齿轮。（　　）
15. 半浮式半轴既承受转矩又承受弯矩。（　　）
16. 有些轿车的车架采用X形高断面的横梁，其目的是提高车架的扭转刚度。（　　）
17. 车桥的基本功用是安装车轮和悬架，传递车架与车轮之间的各种作用力。（　　）
18. 汽车转向轮应能满足的基本要求是轮胎磨损小、转向轻便、具有自动回正作用。（　　）
19. 主销在汽车的横向平面内上部向后方倾斜的角度称为主销后倾角。（　　）
20. 低压开关的作用是在系统低压管路中压力过低时，切断压缩机电磁离合器的电路。（　　）
21. 在制冷系统抽真空时，只要系统内的真空度达到规定值时，即可停止抽真空。（　　）
22. 制冷剂液体过冷，过冷度越大，在蒸发过程中其蒸发吸热的能力也就越大，制冷

效果越好,即产冷量相应增加。( )
23. 一个车窗只能朝一个方向运动,应检查分开关到总开关连接导线是否断路。( )
24. 刮水器可刮除挡风玻璃上的雨水、积雪或灰尘,确保驾驶员良好的视野。( )
25. 晴天刮除挡风玻璃上的灰尘时,应先接通刮水器,再接通洗涤器。( )
26. 起动机有普通起动机、减速起动机两种类型。( )
27. 任何水都可以直接作为冷却水加注。( )
28. 指示灯点亮说明前雾灯点亮。( )
29. 驾驶员行驶车辆前,必须系安全带。( )
30. 检查车轮作业中,需检查轮胎气压、外观状况、磨损情况等。( )

二、单选题(本大题共30小题,每小题3分,共90分)

1. 世界上最早执行排放法规的是( )。
   A. 欧洲　　　　　　　　B. 日本
   C. 中国　　　　　　　　D. 美国

2. 汽车诞生于( )。
   A. 德国　　　　　　　　B. 日本
   C. 中国　　　　　　　　D. 美国

3. ( )可查询到附近的加油站、宾馆、医院、ATM机等的位置信息。
   A. GPS系统　　　　　　B. 智能驾驶
   C. 车通信　　　　　　　D. 盲区监控

4. 用下列比例分别画出同一个图形,所绘图形最大的是( )。
   A. 1∶1　　　　　　　　B. 1∶4
   C. 1∶2　　　　　　　　D. 5∶1

5. 视图中,不可见的轮廓线用( )绘制。
   A. 粗实线　　　　　　　B. 细实线
   C. 细虚线　　　　　　　D. 细点画线

6. 负温度热敏电阻是随温度升高,电阻值( )。
   A. 升高　　　　　　　　B. 降低
   C. 先降低后升高　　　　D. 先升高后下降

7. 在检测( )时,不需要分正负极。
   A. 电流　　　　　　　　B. 电压
   C. 二极管　　　　　　　D. 电阻

8. 下述各零件不属于气门组的是( )。
   A. 气门弹簧　　　　　　B. 气门
   C. 凸轮轴　　　　　　　D. 锁片

9. 下述各零件不属于气门传动组的是（　　）。
   A. 气门弹簧　　　　　　　　　　B. 挺柱
   C. 凸轮轴　　　　　　　　　　　D. 正时皮带

10. 进、排气门在排气行程上止点时（　　）。
    A. 进气门开，排气门关　　　　　B. 排气门开，进气门关
    C. 进、排气门全关　　　　　　　D. 进、排气门叠开

11. 进、排气门在进气行程下止点时（　　）。
    A. 进气门开，排气门关　　　　　B. 排气门开，进气门关
    C. 进、排气门全关　　　　　　　D. 进、排气门全开

12. 为了使气门座圈与气缸盖（体）结合良好，其装配时不能采用下述（　　）种方法。
    A. 压入后再冲压四周　　　　　　B. 加热座圈
    C. 将气门在液氮中冷却　　　　　D. 采用过渡配合

13. 下面零件中不是采用压力润滑方式的是（　　）。
    A. 挺柱　　　　　　　　　　　　B. 凸轮轴轴承
    C. 摇臂　　　　　　　　　　　　D. 凸轮轴正时齿轮

14. 安装传动轴时，应使两端万向节叉位于（　　）内。
    A. 同一平面　　　　　　　　　　B. 两个平面
    C. 垂直平面　　　　　　　　　　D. 相交平面

15. 因为普通十字轴式刚性万向节具有不等速传动的特性，所以使用中允许轴间最大夹角不得超过（　　）。
    A. $5°\sim10°$　　　　　　　　　B. $15°\sim20°$
    C. $30°\sim40°$　　　　　　　　D. 切断动力

16. 关于汽车减振器，以下说法错误的是（　　）。
    A. 阻尼力越大，振动的衰减越快
    B. 当车桥移近车架（或车身）时，减振器受压拉，活塞上移
    C. 减振器在压缩、伸张两个行程都能起减振作用
    D. 振动所产生的能量转变为热能，并由油液和减振器壳体吸收，然后散到大气中

17. 胎面的羽状磨损，主要是由于（　　）。
    A. 由于前束调节不当所致　　　　B. 外倾角不符合要求
    C. 充气不足　　　　　　　　　　D. 轴承磨损

18. 如果轮胎面某一侧的磨损，快于另一侧的磨损，其主要原因可能是（　　）
    A. 外倾角不正确　　　　　　　　B. 前束不正确
    C. 轮胎气压不足　　　　　　　　D. 充气压力过高

19. 轮胎集中在胎肩上的磨损原因是（　　）。
    A. 充气压力过高　　　　　　　　B. 充气压力过低
    C. 主销内倾角不正确　　　　　　D. 主销外倾角不正确

20. 水的状态从固态变为液态是吸热，其热量是（　　）。
    A. 潜热　　　　　　　　　　　　B. 显热
    C. 潜热或显热　　　　　　　　　D. 都不是

21. 蒸发器表面温度不应低于（　　），以防蒸发器结霜和结冰。
    A. 2.2 ℃　　　B. 1.1 ℃　　　C. 0 ℃　　　D. −1.1 ℃

22. 制冷剂的蒸发压力与大气压力相比（　　），否则空气会进入制冷系统。
    A. 高　　　　　B. 低　　　　　C. 相等　　　D. 不确定

23. 汽车在大雨天行驶时，电动雨刮应选用（　　）。
    A. 快速挡　　　　　　　　　　　B. 慢速挡
    C. 间歇挡　　　　　　　　　　　D. 点动挡

24. 汽车上的电动刮水器都设有（　　）。
    A. 自动复位装置　　　　　　　　B. 电脑控制装置
    C. 自动断水装置　　　　　　　　D. 自动开启装置

25. 下列描述不属于雨刮不工作故障原因的是（　　）。
    A. 雨刮开关损坏　　　　　　　　B. 雨刮电机烧毁
    C. 控制线路短路　　　　　　　　D. 刮水器刮片偏移

26. 若雨刮器低速挡不工作，则不需要检查的项目是（　　）。
    A. 保险丝　　　　　　　　　　　B. 雨刮电动机
    C. 雨刮开关　　　　　　　　　　D. 雨刮系统控制线路

27. 车轮动平衡直接影响汽车的高速行驶稳定性，下列哪种情况不需要进行车轮动平衡检测（　　）。
    A. 扎钉子后补胎　　　　　　　　B. 更换了新的轮胎
    C. 四轮定位参数检测时　　　　　D. 以上3种情况都不需要

28. 整顿的目的是（　　）。
    A. 方便使用　　　　　　　　　　B. 节约空间
    C. 保持清洁　　　　　　　　　　D. 形成自律

29. 拆卸螺栓时应尽量不使用的工具是（　　）。
    A. 套筒　　　　　　　　　　　　B. 活动扳手
    C. 开口扳手　　　　　　　　　　D. 梅花扳手

30. 汽车一级维护后，汽车各部件应无（　　）异常现象。
    A. 声音　　　B. 反应　　　C. 松动　　　D. 以上3种

汽车维修类专业理论考试模拟试题（八）

一、判断题（本大题共30小题，每小题2分，共60分。正确的填涂√、错误填涂×）

1. 世界上第一辆装有功率为625 W汽油机、最高车速为15 km/h的三轮汽车是1769年由法国人NJ居纽制造。（   ）
2. 汽车的出现得益于一代一代的汽车人的集体功劳，而不能说是哪一个人的成果，只能说某个人集合了大家的集体智慧，设计出了汽车。（   ）
3. 并不是所有的概念车都会进入市场流通的，目前典型的由概念车转为量产车的是日本丰田公司旗下的凯美瑞汽车。（   ）
4. 心轴用来支承转动零件，只受弯曲作用而不传递动力。（   ）
5. 挠性轴能把转矩和旋转运动灵活传到任何位置。（   ）
6. 电容是将电以电场力的形式储存起来。（   ）
7. 继电器的最主要作用就是小电流控制大电流。（   ）
8. 曲轴正时齿轮是由凸轮轴正时齿轮驱动的。（   ）
9. 凸轮轴的转速比曲轴的转速快1倍。（   ）
10. 气门间隙过大，发动机在热态下可能发生漏气，导致发动机功率下降。（   ）
11. 气门间隙过大时，会使得发动机进气不足，排气不彻底。（   ）
12. 活塞顶是燃烧室的一部分，活塞头部主要用来安装活塞环，活塞裙部可起导向的作用。（   ）
13. 活塞在气缸内作匀速运动。（   ）
14. 主销后倾角越大，稳定力矩越大，所以主销后倾角越大越好。（   ）
15. 主销内倾角的作用是：使前轮自动回正、使转向操纵轻便、减小转向盘上的冲击力。（   ）
16. 前轮中心平面相对于地面不垂直，该中心平面一般向外倾斜一定的角度，称为前轮外束。（   ）
17. 车轮是介于轮胎和车轴之间承受负荷的旋转组件，主要由轮辋、轮辐和轮胎组成。（   ）
18. 独立悬架的非簧载质量小，可以减小来自路面的冲击和振动，提高了行驶的平顺性。（   ）
19. 当路面差时，提高弹簧刚度和减振器阻尼力，以抑制车身的振动。（   ）

20. 物质在状态发生变化时所吸收或放出的热量称为显热。　　　　　(　)
21. 提高压强，可使液体更容易蒸发。　　　　　　　　　　　　　　(　)
22. 热力膨胀阀在制冷负荷增大时，可自动增加制冷剂的喷出量。　　(　)
23. 起动发动机时，蓄电池为起动机供电。　　　　　　　　　　　　(　)
24. 检测起动机电刷长度时，需使用千分尺。　　　　　　　　　　　(　)
25. 配电动后视镜的车辆，只有左侧后视镜可以电动调节。　　　　　(　)
26. 电动后视镜不能正常调节，不会影响驾驶员安全行驶。　　　　　(　)
27. 指示灯点亮说明机油压力异常。　　　　　　　　　　　　　　　(　)
28. 更换制动液时不同品牌同一型号的制动液可以混用。　　　　　　(　)
29. 指示灯点亮说明此时远光灯点亮。　　　　　　　　　　　　　　(　)
30. 气缸压力不足跟气缸垫没有关系，只与气门和活塞环的磨损有关。(　)

二、单选题（本大题共30小题，每小题3分，共90分）

1. 以大规模生产为标志的汽车工业形于(　　)。
   A. 欧洲　　　　　　　　　　B. 日本
   C. 中国　　　　　　　　　　D. 美国

2. (　　)可查询到附近的加油站、宾馆、医院、ATM机等的位置信息。
   A. GPS系统　　　　　　　　B. 智能驾驶
   C. 车通信　　　　　　　　　D. 盲区监控

3. 既承受弯矩又承受转矩的轴是(　　)。
   A. 心轴　　　　　　　　　　B. 转轴
   C. 传动轴　　　　　　　　　D. 固定轴

4. 下列各轴中，(　　)是转轴。
   A. 汽车传动轴　　　　　　　B. 自行车前轮轴
   B. 减速器中的齿轮轴　　　　D. 活塞销

5. 关于绘图比例的说法，以下正确的是(　　)。
   A. 比例为实际尺寸与图上尺寸之比
   B. 图样中为使图形清晰应优先选用放大比例
   C. 1∶2是放大比例
   D. 绘图时应优先采用原值比例

6. 1度电可供"220 V，40 W"的灯泡正常发光的时间是(　　)。
   A. 20 h　　　　　　　　　　B. 40 h
   C. 45 h　　　　　　　　　　D. 25 h

7. 在电路中，整流的作用是(　　)。
   A. 交流变直流　　　　　　　B. 直流变交流

C. 高压变低压　　　　　　　　　D. 低压变高压

8. (　　)最适合于高速发动机。
   A. 凸轮轴下置式　　　　　　　B. 凸轮轴上置式
   C. 凸轮轴中置式

9. 出现下列(　　)情况时，必须更换液力挺柱。
   A. 气门开启高度不足　　　　　B. 挺柱磨损
   C. 挺柱泄漏　　　　　　　　　D. 配气相位不准

10. 作功顺序为1-3-4-2的发动机，在第三缸活塞压缩上止点时，可以检查调整(　　)气门间隙。
    A. 3缸的进、排气门和4,2缸的进气门
    B. 1、4缸的进气门和2缸的排气门
    C. 3缸的进、排气门和4缸的排气门和1缸的进气门
    D. 1、4缸的进气门和3缸的排气门

11. 双凸轮轴结构不可能出现在下述(　　)结构中。
    A. V型发动机　　　　　　　　B. 4气门配气方式
    C. 侧置气门式　　　　　　　　D. 齿形带传动方式

12. 在拆卸气缸盖时，应采取(　　)的方式拆卸。
    A. 圆圈式顺序拆卸　　　　　　B. 由外到内对角线
    C. 由内到外对角线　　　　　　D. 任意拆卸

13. 以下(　　)不是活塞连杆组的组成部件之一。
    A. 活塞环　　　　　　　　　　B. 活塞销
    C. 凸轮　　　　　　　　　　　D. 连杆

14. 下列不是转向盘自由行程过大原因是(　　)。
    A. 转向器传动副的啮合间隙过大　　B. 转向传动机构各连接处松旷
    C. 转向节主销与衬套的配合间隙过大　　D. 转向盘本身损坏

15. 使汽车转弯时左右车轮以不同转速旋转的是(　　)。
    A. 万向传动装置　　　　　　　B. 主减速器
    C. 差速器　　　　　　　　　　D. 半轴

16. 当任何一侧半轴齿轮的转速为零时，另一侧半轴齿轮的转速为差速器壳转速的(　　)倍。
    A. 1　　　　　　　　　　　　　B. 2
    C. 3　　　　　　　　　　　　　D. 4

17. 汽车直线行驶时，差速器中的行星齿轮(　　)。
    A. 只有自转，没有公转　　　　B. 只有自转，没有公转

C. 既不公转，又不自转　　　　　　　D. 只有公转，没有自转

18. 汽车直线行驶时，差速器（　　）。
    A. 不起差速作用　　　　　　　　B. 起差速作用
    C. 不起减速作用　　　　　　　　D. 起减速作用

19. 汽车转向过程中，两半轴以（　　）转速旋转。
    A. 不同　　　　　　　　　　　　B. 相同
    C. 较大　　　　　　　　　　　　D. 较小

20. 汽车低速行驶时，空调压缩机有较强的制冷能力，高速行驶时，要求低（　　）。
    A. 油耗　　　　　　　　　　　　B. 耗能
    C. 损耗　　　　　　　　　　　　D. 污染

21. 对于标准大气压，以下说法正确的是（　　）。
    A. 1个标准大气压约等于101 kPa　　B. 1个标准大气压可用1 bar来表示
    C. 1个标准大气压约等于14.7 psi　　D. 其他答案都正确

22. 空调系统工作时，若蒸发器内制冷剂不足，离开蒸发器的制冷剂会是（　　）。
    A. 高于正常压力，温度较低　　　B. 低于正常压力，温度较高
    C. 高于正常压力，温度较高　　　D. 低于正常压力，温度较低

23. 下列不属于蓄电池作用的是（　　）。
    A. 发电　　　　　　　　　　　　B. 储电
    C. 供电　　　　　　　　　　　　D. 电压稳定器

24. 下列关于起动机作用说法正确的是（　　）。
    A. 起动机将机械能转换为化学能　B. 起动机将热能转换为电能
    C. 起动机将电能转化为机械能　　D. 起动机将机械能转化为电能

25. 下列不属于起动机无法起动的故障原因是（　　）。
    A. 点火正时不准　　　　　　　　B. 电磁开关故障
    C. 蓄电池亏电　　　　　　　　　D. 继电器故障

26. 在蓄电池静态电压检查应选用万用表的量程是（　　）。
    A. 直流电压，200 mV　　　　　　B. 直流电压，20 V
    C. 交流电压，200 mV　　　　　　D. 交流电压，20 V

27. 汽车万向传动装置异响的明显现象之一是汽车（　　）时，车身发抖并能听到"嚓嚓"的撞击声。
    A. 起步　　　　　　　　　　　　B. 匀速行驶
    C. 低速行驶　　　　　　　　　　D. 变速

28. 下列（　　）不是日常维护保养的工作内容。
    A. 清洁　　　　　　　　　　　　B. 调整

  C. 补给   D. 安全检视

29. 拆装发动机火花塞应用(　　)。

  A. 火花塞套筒   B. 套筒

  C. 开口扳手   D. 梅花扳手

30. 汽车换用其他汽油牌号时，如用高牌号汽油取代低牌号汽油时，应(　　)点火提前角。

  A. 提前   B. 推迟

  C. 不变   D. 都可以

汽车维修类专业理论考试模拟试题（九）

一、判断题（本大题共30小题，每小题2分，共60分。正确的填涂√、错误填涂×）

1. 一般情况下可以把汽车分为乘用车和商用车。（　）
2. 车辆如果因故障不能离开高速公路行车道时，应立即开启危险报警闪光灯，在行驶方向后方150 m处设置警告标示。（　）
3. 根据美国石油协会使用性能分类方法，汽油机油为C系列。（　）
4. 装配图中的明细栏画在装配图左下角标题栏的上方。（　）
5. 使用安定性差的汽油，会造成电喷发动机的喷嘴结胶。（　）
6. 孔和轴配合，孔的最小极限尺寸总是小于或等于轴的最大极限尺寸的配合称为间隙配合。（　）
7. 在电阻串联电路中，电阻值大的电阻分的电压高，电阻值小的电阻分的电压低。（　）
8. 交流电的有效值是最大值的1/2倍。（　）
9. 对于铸铁缸体上受力和受热不大部位的裂纹常采用502胶粘修理。（　）
10. 起动机的传动机构实质上是一个单向离合器。（　）
11. 二行程汽油机的燃料经济性不如四行程汽油机，但由于它的结构简单，制造费用低在摩托车上被采用。（　）
12. 因为发动机的排气压力较进气压力大，所以在5气门式的配气机构中，往往采用两个进气门和三个排气门。（　）
13. 气门重叠角越大越好。（　）
14. 在变速器解体时，应对同步器各元件做好装配记号，以免装错。（　）
15. 传动轴上的平衡块脱落会造成传动轴动不平衡。（　）
16. 液力变矩器在涡轮转速较高时，单向离合器处于锁止状态。（　）
17. 车轮外倾角过大会造成悬架（挂）系统零件及轮胎内缘磨损。（　）
18. 综合式液力变矩器在涡轮转速较高时，单向离合器处于锁止状态。（　）
19. 不应使用CFC－12、HFC－134 a等制冷剂对制冷装置进行开放性清洗。（　）
20. 制冷剂回收/净化/加注设备与制冷装置连接前，应进行制冷剂类型的鉴别和纯度的检测。（　）
21. 冷冻机油有较高的稳定性，不会对金属和制冷剂有副作用。（　）

22. 电动后视镜不能正常调节,不会影响驾驶员安全行驶。　　　　　　(　　)
23. 汽车电源系统主要由蓄电池、发电机及其调节器、电流表(电压表或充电指示灯)等组成,蓄电池与发电机及汽车用电设备都是串联的。　　　　　　　　(　　)
24. 因为黄色光线透雾性不好,因此雾灯的光色一般不采用橙黄色。　　(　　)
25. 蓄电池点火系次级电压在火花塞积碳时将显著下降。　　　　　　　(　　)
26. 蓄电池外观检查排气孔是否堵塞;电缆、桩头是否氧化;外壳有无变形。(　　)
27. 气缸的圆度误差是指同一高度、不同方向测量的两个直径之差。　　(　　)
28. 按标准的规范对车辆进行保养和检查,可以及时更换易损、易耗件,发现和消除早期的故障隐患,防止故障的发生或损坏的扩大,恢复车辆的性能指标,提高车辆的完好率,有效地延长汽车的使用寿命。　　　　　　　　　　　　　　　　(　　)
29. 若发现发动机机油过多,不影响发动机正常工作。　　　　　　　　(　　)
30. 离合器接合,变速器处于空挡,汽车停止时,离合器从动盘静止。　(　　)

二、单选题(本大题共30小题,每小题3分,共90分)

1. 配有自动变速箱的汽车,挂入一下哪个挡位可以实现倒车(　　)。
   A. D挡　　　　　　　　　　　B. R挡
   C. P挡　　　　　　　　　　　D. N挡

2. 悬架系统由弹性元件、导向装置和减振器等三部分组成,具有(　　)作用。
   A. 缓冲、传动和防震　　　　　B. 缓冲、传力和减振
   C. 传动、防震和减振　　　　　D. 传力、转向和减振

3. (　　)具有高弹性、高耐磨性的特点,常用来制造汽车轮胎、软管等零部件。
   A. 玻璃　　　　　　　　　　　B. 橡胶
   C. 塑料　　　　　　　　　　　D. 陶瓷

4. 汽车润滑脂不应该具备的特性是(　　)。
   A. 吸水性　　　　　　　　　　B. 防腐性
   C. 胶体安定性　　　　　　　　D. 氧化安定性

5. 国产车用柴油的十六烷值在45~60之间,发火性能将(　　)短,燃烧平稳工作柔和。
   A. 着火延迟阶段　　　　　　　B. 速燃阶段
   C. 缓燃阶段　　　　　　　　　D. 补燃阶段

6. 拆卸曲轴主轴承盖螺栓时,所需遵照的顺序是(　　)。
   A. 由两边向中间　　　　　　　B. 由中间向两边
   C. 顺序循环　　　　　　　　　D. 任意

7. 如果二极管的正反向电阻都很大,该二极管(　　)。
   A. 内部断路　　　　　　　　　B. 性能不好
   C. 已被击穿　　　　　　　　　D. 性能良好

8. 变压器从空载到满载，铁心中的工作主磁通将（　　）。
   A. 增大　　　　　　　　　　　　B. 减小
   C. 基本不变　　　　　　　　　　D. 从 0 到最大

9. 采用三效催化转化器系统的发动机通常装用（　　）控制燃油喷射系统。
   A. 开环　　　　　　　　　　　　B. 闭环
   C. 自动　　　　　　　　　　　　D. 半自动

10. （　　）用于诊断发动机汽缸及进排气门的密封状况。
    A. 汽缸漏气量检测仪　　　　　　B. 真空表
    C. 发动机分析仪　　　　　　　　D. 尾气分析仪

11. 电子节气门系统中控制节气门的电动机多采用（　　）。
    A. 怠速步进电机　　　　　　　　B. 直流电机
    C. 交流电机　　　　　　　　　　D. 同步电机

12. 关于电控发动机起动困难的原因，以下说法错误的是（　　）。
    A. 传感器故障　　　　　　　　　B. 燃油压力调节器故障
    C. 转速传感器故障　　　　　　　D. 氧传感器故障

13. 柴油机各缸供油不均匀度的控制，对不同的速度，一般是（　　）。
    A. 一样高　　　　　　　　　　　B. 低速要求高些
    C. 高速要求高些　　　　　　　　D. 低速要求低些

14. 变速器自锁装置的作用是（　　）。
    A. 防止跳挡　　　　　　　　　　B. 防止同时挂上两个挡
    C. 防止误挂倒挡　　　　　　　　D. 防止互锁

15. （　　）不是转向沉重的原因。
    A. 转向梯形横、直拉杆球头配合间隙过小
    B. 转向器转向轴弯曲或管柱凹瘪相互摩擦
    C. 前轮前束过大或过小
    D. 转向器摇臂与衬套间隙过小

16. 普通万向节实现等角速传动必须满足的条件是（　　）。
    A. 第一个万向节的从动叉和第二个万向节的主动叉应在同一平面内
    B. 输入轴、输出轴与传动轴的夹角为 180°
    C. 传动轴两端的万向节叉在相互垂直的平面内
    D. 输入轴、输出轴与传动轴的夹角为 90°

17. 关于换挡时齿轮相撞击而发出异响的原因，下列说法错误的是（　　）。
    A. 离合器踏板行程不正确　　　　B. 同步器损坏
    C. 缺油或油的质量不好　　　　　D. 变速杆调整不当

18. 对于自动变速器车辆而言，制动或进挡时，自动变速器（　　）可导致发动机熄火故障。

　　A. 行星齿轮机构卡死

　　B. 液压执行元件（离合器或制动器）烧损

　　C. 锁止离合器的锁止不能被正确解除

　　D. N 挡位

19. 汽车空调制冷系统中的节流装置，是冷凝器内的（　　）制冷剂进入低压空间即蒸发器的"阀门"。

　　A. 高压气态　　　　　　　　　　B. 低压液态

　　C. 低压气态　　　　　　　　　　D. 高压液态

20. 在汽车空调装置中，冷凝器一般安装在（　　）。

　　A. 发动机散热器前　　　　　　　B. 驾驶室内

　　C. 后行李箱内　　　　　　　　　D. 发动机散热器后

21. 甲说：空调系统的问题能引起冷却系统问题；乙说：冷却系统问题能引起空调系统的问题。谁正确（　　）。

　　A. 甲正确　　　　　　　　　　　B. 乙正确

　　C. 两人均正确　　　　　　　　　D. 两人均不正确

22. 前照灯变光开关的作用是根据行驶与会车需要，实现远光与近光的（　　）。

　　A. 开启　　　　　　　　　　　　B. 关闭

　　C. 变换　　　　　　　　　　　　D. 以上三种说法均正确

23. 在 OBD－Ⅱ中规定，字母（　　）字开头的故障代码为车载网络系统的故障代码。

　　A. P　　　　　　　　　　　　　　B. C

　　C. U　　　　　　　　　　　　　　D. O

24. 关于燃油表检修，甲说在安装传感器时，与油箱搭铁必须良好；乙说传感器的电阻末端必须搭铁，这样可以避免因滑片与电阻接触不良时产生火花而引起火灾。你认为以上观点（　　）。

　　A. 甲正确　　　　　　　　　　　B. 乙正确

　　C. 甲乙都正确　　　　　　　　　D. 甲乙都不正确

25. 关于喇叭长鸣故障，甲说：喇叭长鸣故障的原因可能是喇叭继电器触点烧结；乙说：喇叭长鸣故障的原因可能是喇叭继电器短路。你认为以上观点（　　）。

　　A. 甲正确　　　　　　　　　　　B. 乙正确

　　C. 甲乙都正确　　　　　　　　　D. 甲乙都不正确

26. 检查电动后视镜电动机时，用蓄电池正负极分别接电动机连接器端子后，电动机转动。互换正负极和端子的连接后，电动机反转，说明（　　）

　　A. 电动机状况良好　　　　　　　B. 不能判断电动机好坏

C. 电动机损坏　　　　　　　　　D. 电动机控制线路出现故障

27. 在将气缸盖用螺栓固定在气缸体上，拧紧螺栓时，应采取下列哪种方法（　　）。
    A. 由中央对称地向四周按规定扭力分几次均匀拧紧
    B. 由中央对称地向四周按规定扭力一次拧紧
    C. 由四周对称地向中央按规定扭力一次拧紧
    D. 由四周对称地向中央按规定扭力分几次均匀拧紧

28. 汽车变速器齿轮端面间隙可用哪种量具进行检验（　　）。
    A. 刀口尺　　　　　　　　　　B. 千分尺
    C. 塞尺　　　　　　　　　　　D. 卡尺

29. 使用游标卡尺测量外径时，在何处测量数据（　　）。
    A. 在固定量爪和活动量爪的刃口处测量
    B. 在固定量爪和活动量爪的中部测量
    C. 在固定量爪和活动量爪之间即可
    D. 在固定量爪和活动量爪之间靠近刻度尺处测量

30. 若汽油系统保持压力过低，不需要检查下列（　　）项目。
    A. 电动汽油泵保持压力　　　　B. 汽油管路有无泄漏
    C. 喷油器有无泄漏　　　　　　D. 汽油滤清器是否堵塞

汽车维修类专业理论考试模拟试题（十）

一、**判断题**（本大题共 30 小题，每小题 2 分，共 60 分。正确的填涂√、错误填涂×）

1. ABS 系统在制动过程中可自动调节车轮制动力，防止车轮抱死以取得最佳制动效果。（　　）
2. 交流发电机的主要任务是对汽车所有用电设备供电，并向蓄电池充电。（　　）
3. 齿轮油的黏度应能够保证润滑为主，黏度越高越好。（　　）
4. 外螺纹的画法规定：终止线用细实线表示。（　　）
5. 对于零件上的键槽、孔等，常用移出断面或剖视图表达。（　　）
6. 基本视图中，后视图与主视图同样反映物体长、宽方向的尺寸。（　　）
7. 通电导体与磁场平行时，导体电磁力最大。（　　）
8. 逻辑函数中的逻辑与所对应的逻辑代数运算关系为逻辑加。（　　）
9. 凸轮轴由曲轴正时齿（链）轮驱动，在安装时要对准正时记号，否则会导致配气相位错误。（　　）
10. 汽油机油和柴油机油有时可以代替使用。（　　）
11. 当使用 $\lambda>1$ 的混合气时，因氧气不足，生成的 CO 较多。（　　）
12. 气门间隙过大，发动机在热态下可能发生漏气，导致发动机功率下降。（　　）
13. 曲轴箱内压力超过规定值会使增压器回油管路内压力升高，回油不畅而造成密封环漏油。（　　）
14. 使用独立悬架的汽车，由于空间占用大，所以发动机重心较高。（　　）
15. 子午线轮胎帘布层帘线排列的方向与轮胎横断面一致。（　　）
16. 转向横拉杆体两端螺纹的旋向一般均为右旋。（　　）
17. 刚性万向节是靠弹性零件传递的，具有缓冲减振的作用。（　　）
18. 大多数前轮驱动车辆的前轮稍设有正前束，因为驱动力使前轮有负前束的倾向。（　　）
19. 制冷剂俗称冷媒或雪种，通过蒸发或冷凝来转移热量或冷量。（　　）
20. 电磁离合器带轮由发动机的动力驱动，只要发动机开始运转带轮就运转。（　　）
21. 汽车空调制冷剂回收/净化/加注机使用的环境温度为 10 ℃～49 ℃。（　　）
22. 起动机电枢绕组的短路故障，必须使用电枢感应仪进行检测。（　　）
23. 蓄电池电量不足会造成起动机运转无力。（　　）

24. 雨刮电机失效会导致雨刮器的高、低速挡正常工作，间歇挡不工作。（   ）
25. 汽车蓄电池与发电机并联，同属于汽车的高压电源。（   ）
26. 使用双踪示波器对汽车上两个传感器信号或执行器电信号同时进行观测，这两个信号不能有公共点，否则会造成被测电路短路。（   ）
27. 在车间对车辆进行维修时，维修车辆可使用液压千斤顶一直支撑。（   ）
28. 修配法考虑到零件加工工艺的可能性，有意识地将零件公差加大到易于制造的公差要求范围内，装配时通过修配方法来改变某一尺寸（通常指封闭环），以达到要求的装配精度。（   ）
29. 对所有进站维修、保养完毕的车辆，在交付用户之前必须进行全面的维修质量检查，并符合"维修保养质检工艺"。（   ）
30. 手动变速器拨叉轴上固定拨叉的紧固螺钉松动，会导致变速箱挂挡困难。（   ）

二、单选题（本大题共30小题，每小题3分，共90分）

1. 方向盘的最大转动量从中间起左右不超过（   ）。
   A. 30°   B. 15°
   C. 20°   D. 25°

2. 无级变速器的英文简写是（   ）。
   A. MT   B. AT
   C. CVT   D. VVT

3. （   ）是制造和检验零件的依据。
   A. 零件图   B. 装配图
   C. 轴测图   D. 三视图

4. 国家标准规定采用（   ）来表达机件的内部结构形状。
   A. 视图   B. 剖视图
   C. 断面图   D. 局部放大图

5. 对称机件的视图可只画一半或1/4，并在对称中心线的两端画两条与其垂直的平行（   ）。
   A. 粗实线   B. 细实线
   C. 细虚线   D. 波浪线

6. 重合断面图的轮廓线用（   ）画出。
   A. 粗实线   B. 细实线
   C. 细点画线   D. 波浪线

7. 二极管具有（   ）导电特性。
   A. 双向   B. 单双向
   C. 单向   D. 放大

8. 变压器从空载到满载，铁心中的工作主磁通将（　　）。
   A. 增大   B. 减小
   C. 基本不变   D. 从 0 到最大

9. 节气门（　　）位置所得到的速度特性称为部分特性。
   A. 全闭   B. 半开
   C. 不全开的任意   D. 全开

10. 一般把活塞的头部制成上小下大的阶梯形或截锥形，且头部直径（　　）裙部。
    A. 小于   B. 等于
    C. 大于   D. 无关系

11. 第 1 道环的开口方向，应（　　）发动机作功时的受力面，各道环的开口方向应互呈 90°或 180°。
    A. 背向   B. 朝向
    C. 垂直于   D. 背向和朝向

12. 柴油机压缩比高，因而（　　）是主要有害排放物。
    A. CO_2 B. HC
    C. CO   D. NO_x

13. 活塞销和连杆衬套的配合在常温下应有（　　）。
    A. 0.002 5 mm 的微量过盈   B. 0.008～0.013 mm 的微量间隙
    C. 0.45～0.60 mm 的微量间隙   D. 0.8～0.13 mm 的微量间隙

14. 以下部件是属于离合器从动部分的是（　　）。
    A. 飞轮   B. 离合器盖
    C. 离合器摩擦片   D. 离合器压盘

15. （　　）是液压制动系统卡死的原因。
    A. 液压制动系统中有空气   B. 总泵旁通孔或回油孔堵塞
    C. 总泵皮碗、密封胶圈老化、发胀或翻转 制动蹄片磨损过量

16. 液压动力转向系统排空气的程序为（　　）。
    A. 架起转向桥，发动机怠速运转，同时反复向左、向右转动转向盘到极限位置，直至储油箱内泡沫冒出并消除乳化现象
    B. 在车辆不起动的状态下，同时反复向左、向右转动转向盘到极限位置，直至储油箱内泡沫冒出并消除乳化现象
    C. 将车辆停放在平坦的地面上，发动机怠速运转，同时反复向左、向右转动转向盘到极限位置，直至储油箱内泡沫冒出并消除乳化现象
    D. 以上都正确

17. 汽车悬架用来改善汽车操纵稳定性和平顺性的部件是（　　）。

A. 弹性元件 B. 导向装置
C. 减振器 D. 横向稳定器

18. 循环式制动压力调节器是在制动主缸与制动轮缸之间(　　)一个或两个电磁阀，以直接控制制动轮缸的制动压力。

A. 串联 B. 并联
C. 串联或并联 D. 不能安装

19. 大多数固定孔管制冷系统的维修项目是(　　)。

A. 清洁滤网 B. 清洁孔管
C. 清洁滤网和孔管 D. 清洗接头

20. 制冷剂加注前的抽真空持续时间应不少于(　　)分钟。

A. 10 B. 20
C. 30 D. 40

21. 检查传感器信号电压：插好阳光传感器的连接器，测量两插脚之间的信号电压，当强光照射时应(　　)，遮住光线时应(　　)；否则，说明传感器或控制电路有故障。

A. 小于1 V，大于4 V B. 大于4 V，大于4 V
C. 小于1 V，小于1 V D. 大于1 V，小于4 V

22. 蓄电池加液孔盖上有气孔，随时可排除铅蓄电池内的(　　)和(　　)，以免发生气压过大而导致蓄电池的壳体炸裂的事故。

A. 空气　氢气 B. 空气　氧气
C. 氢气　氧气 D. 水蒸气　空气

23. SRS气囊有(　　)电源。

A. 一个 B. 两个
C. 三个 D. 四个

24. 发电机电压输出过高故障部位主要在(　　)。

A. 电子调节器 B. 发电机转速过高
C. 电刷 D. 蓄电池电量

25. 发电机发电量过大的原因是(　　)。

A. 定子断路 B. 电压调节器损坏
C. 转子线圈断路 D. 换向器损坏

26. 发动机起动时，蓄电池可向起动机提供高达(　　)安培的起动电流。

A. 100~200 B. 100~300
C. 200~300 D. 200~600

27. 发动机汽缸轴线方向磨损量最大部位是在活塞处于上止点时哪处所对应的缸壁(　　)。

A. 活塞顶 B. 第一道活塞环
C. 活塞销 D. 第二道活塞环

28. 起动发动机时，起动机和发动机不能转动的原因可能是( )。
A. 氧传感器信号不正确 B. 进气温度传感器信号不正确
C. 自动变速器汽车的空挡起动开关有故障 D. 进气量太少

29. 5S现场管理中的整理主要是排除( )浪费。
A. 时间 B. 工具
C. 空间 D. 包装物

30. ( )是汽油机发动机冷车起动困难的主要原因。
A. 混合气过稀 B. 混合气过浓
C. 油路不畅通 D. 点火错乱

汽车维修类专业理论考试模拟试题答案

汽车维修类专业理论考试模拟试题（一）

一、判断题

题号	1	2	3	4	5	6	7	8	9	10	11	12	13	14	15
答案	√	×	√	×	×	×	×	√	×	×	×	×	√	√	×
题号	16	17	18	19	20	21	22	23	24	25	26	27	28	29	30
答案	√	×	×	√	√	√	×	×	×	√	√	×	×	√	√

二、单选题

题号	1	2	3	4	5	6	7	8	9	10	11	12	13	14	15
答案	A	D	D	B	D	C	C	B	C	A	B	B	A	D	B
题号	16	17	18	19	20	21	22	23	24	25	26	27	28	29	30
答案	C	A	C	B	A	A	A	A	D	A	A	A	A	B	C

汽车维修类专业理论考试模拟试题（二）

一、判断题

题号	1	2	3	4	5	6	7	8	9	10	11	12	13	14	15
答案	√	√	√	×	√	×	×	×	×	√	√	×	×	√	×
题号	16	17	18	19	20	21	22	23	24	25	26	27	28	29	30
答案	√	×	×	√	×	√	×	√	×	×	√	√	×	×	√

二、单选题

题号	1	2	3	4	5	6	7	8	9	10	11	12	13	14	15
答案	C	C	B	D	C	A	D	A	C	C	A	A	C	C	C
题号	16	17	18	19	20	21	22	23	24	25	26	27	28	29	30
答案	D	A	C	C	B	B	B	B	A	C	B	A	B	D	D

汽车维修类专业理论考试模拟试题（三）

一、判断题

题号	1	2	3	4	5	6	7	8	9	10	11	12	13	14	15
答案	√	√	×	√	√	×	×	×	×	√	√	×	√	√	√
题号	16	17	18	19	20	21	22	23	24	25	26	27	28	29	30
答案	×	√	×	√	√	√	×	×	×	×	√	√	√	√	√

二、单选题

题号	1	2	3	4	5	6	7	8	9	10	11	12	13	14	15
答案	B	C	B	A	B	D	B	A	B	B	B	B	C	C	A	C
题号	16	17	18	19	20	21	22	23	24	25	26	27	28	29	30
答案	B	B	B	A	C	A	A	C	C	B	C	D	B	D	C

汽车维修类专业理论考试模拟试题（四）

一、判断题

题号	1	2	3	4	5	6	7	8	9	10	11	12	13	14	15
答案	×	×	√	√	√	√	×	√	×	√	√	×	√	×	√
题号	16	17	18	19	20	21	22	23	24	25	26	27	28	29	30
答案	×	×	√	√	×	√	√	√	×	×	√	√	√	×	√

二、单选题

题号	1	2	3	4	5	6	7	8	9	10	11	12	13	14	15
答案	A	D	C	B	B	A	C	B	B	A	A	C	B	A	D
题号	16	17	18	19	20	21	22	23	24	25	26	27	28	29	30
答案	B	B	D	B	C	C	B	A	B	D	C	A	B	B	B

汽车维修类专业理论考试模拟试题（五）

一、判断题

题号	1	2	3	4	5	6	7	8	9	10	11	12	13	14	15
答案	×	×	√	×	×	×	×	×	√	√	√	√	×	√	×
题号	16	17	18	19	20	21	22	23	24	25	26	27	28	29	30
答案	×	√	×	×	×	√	×	√	×	√	×	×	×	√	×

二、单选题

题号	1	2	3	4	5	6	7	8	9	10	11	12	13	14	15
答案	C	C	B	C	C	A	A	B	C	A	C	B	B	B	A
题号	16	17	18	19	20	21	22	23	24	25	26	27	28	29	30
答案	B	B	B	A	A	B	B	A	C	C	A	C	C	C	A

汽车维修类专业理论考试模拟试题（六）

一、判断题

题号	1	2	3	4	5	6	7	8	9	10	11	12	13	14	15
答案	√	×	×	×	×	√	√	×	×	√	√	×	×	√	×
题号	16	17	18	19	20	21	22	23	24	25	26	27	28	29	30
答案	√	√	×	×	×	√	√	×	×	×	×	×	×	×	√

二、单选题

题号	1	2	3	4	5	6	7	8	9	10	11	12	13	14	15
答案	B	A	C	A	A	B	D	C	C	B	C	C	C	A	A
题号	16	17	18	19	20	21	22	23	24	25	26	27	28	29	30
答案	C	C	D	D	A	D	A	D	A	B	A	A	C	A	D	D

汽车维修类专业理论考试模拟试题（七）

一、判断题

题号	1	2	3	4	5	6	7	8	9	10	11	12	13	14	15
答案	×	√	√	×	×	×	×	×	√	×	√	×	×	√	×
题号	16	17	18	19	20	21	22	23	24	25	26	27	28	29	30
答案	√	√	√	×	√	×	√	√	√	×	√	×	×	√	√

二、单选题

题号	1	2	3	4	5	6	7	8	9	10	11	12	13	14	15
答案	D	A	A	D	C	B	D	C	A	D	A	D	A	A	B
题号	16	17	18	19	20	21	22	23	24	25	26	27	28	29	30
答案	B	A	A	B	A	B	A	A	A	D	A	C	B	D	C

汽车维修类专业理论考试模拟试题（八）

一、判断题

题号	1	2	3	4	5	6	7	8	9	10	11	12	13	14	15
答案	×	√	√	√	√	√	√	×	×	×	√	√	×	×	√
题号	16	17	18	19	20	21	22	23	24	25	26	27	28	29	30
答案	×	×	√	√	×	×	√	√	×	×	×	√	×	√	×

二、单选题

题号	1	2	3	4	5	6	7	8	9	10	11	12	13	14	15
答案	D	A	B	C	D	D	A	B	C	C	C	B	C	D	C
题号	16	17	18	19	20	21	22	23	24	25	26	27	28	29	30
答案	B	D	A	A	B	D	B	A	C	A	B	A	B	A	B

汽车维修类专业理论考试模拟试题（九）

一、判断题

题号	1	2	3	4	5	6	7	8	9	10	11	12	13	14	15
答案	√	√	×	×	√	×	√	×	×	√	√	×	×	√	√
题号	16	17	18	19	20	21	22	23	24	25	26	27	28	29	30
答案	×	×	×	√	√	√	×	×	×	√	√	×	√	×	×

二、单选题

题号	1	2	3	4	5	6	7	8	9	10	11	12	13	14	15
答案	B	D	B	A	A	A	A	C	B	A	B	D	C	A	C
题号	16	17	18	19	20	21	22	23	24	25	26	27	28	29	30
答案	A	C	C	D	A	C	C	D	C	C	A	A	C	A	D

汽车维修类专业理论考试模拟试题（十）

一、判断题

题号	1	2	3	4	5	6	7	8	9	10	11	12	13	14	15
答案	√	×	×	×	√	×	×	×	√	×	×	×	√	×	√
题号	16	17	18	19	20	21	22	23	24	25	26	27	28	29	30
答案	×	×	×	√	√	√	√	√	×	×	×	×	√	√	√

二、单选题

题号	1	2	3	4	5	6	7	8	9	10	11	12	13	14	15
答案	B	C	A	B	B	B	C	C	C	A	A	D	B	C	B
题号	16	17	18	19	20	21	22	23	24	25	26	27	28	29	30
答案	A	D	A	C	C	A	C	B	A	B	D	B	C	C	A

五、曲轴弯曲变形的检验

1. 检测方法

如图 4-4 所示,将曲轴的两端用 V 型块支承在检测平板上,用百分表的触头抵在中间主轴颈表面,曲轴转一周,百分表上指针的最大与最小读数之差,既为中间主轴颈对两端主轴颈的径向圆跳动误差(通常也用指针的最大与最小读数差值之半作为直线误差或弯曲度值),跳动量大于 0.15 mm 时应进行校正,测量时注意弯曲方向并做好记号,以便校正时用。

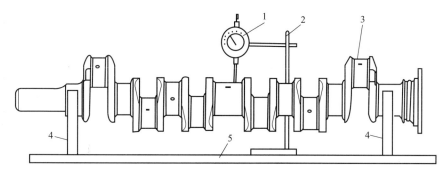

图 4-4　曲轴弯曲的检测

1—百分表;2—百分表支架;3—曲轴;4—V 形支架;5—检验平板

注意:因为轴颈存在不均匀磨损,测量弯曲时百分表头不要放在轴颈中部,应放在轴颈的一端,即未与轴瓦磨损的部位,减少轴颈磨损对测量弯曲的影响。

六、技术要求

(1)所有操作要求符合规范,操作应采取正确的步骤、方法。
(2)检验校正外径千分尺,检查外径千分尺零位误差。
(3)轴径在 80 mm 以下的圆度误差不得大于 0.025 mm,轴颈直径在 80 mm 以上的圆度、圆柱度误差不大于 0.040 mm,超过该值,则需按修理尺寸对轴颈进行光磨。
(4)圆跳动未超过 0.05 mm,扭曲度不得大于 0.5 度。
(5)分别在工单上完成测量数据,计算数据及修理方案的填写。

> **考纲分析**

一、考试形式:发动机曲轴测量(实操)

1. 抽考科目。

2. 时长30分钟。

3. 分值80分，其中检测分，考核工单分。

考试名称	考试方式	考试项目		考试时间	项目分值
专业知识考试	机考			60分钟	150分
操作考试	现场操作考试	必考项目	同步器拆装与检测	30分钟	90分
			发电机拆装与检查	60分钟	170分
		抽考项目（二抽一）	发动机气缸测量	30分钟	80分
			曲轴测量	30分钟	80分

二、考试要求

1. 依据5S管理的要求，对曲轴轴颈磨损、曲轴变形检测。

2. 考核要点。

1	安全操作	10分
2	工量具、仪器、仪表、使用的规范性	20分
3	测量方法	35分
4	测量结果的分析	10分
5	曲轴检验结论	10分

三、考试内容

1. 工、量具规范使用及校零。

2. 曲轴磨损量检测。

3. 曲轴变形量检测。

4. 测量结果的分析。

四、考核及评分标准

序号	考核项目		配分	评分标准（每项累计扣分不超过配分）	得分
1	安全操作	1. 仪器、量具符合安全操作规程； 2. 人员防护符合要求	10分	1. 操作不符合安全规程，扣1~5分； 2. 工装不整洁，扣2分； 3. 操作完毕，未清洁/整理工量具，扣5分；清洁/整理不彻底，扣2分	
2	量具、仪器、仪表、工具使用的规范性	使用游标卡尺确定量程、清洁外径千分尺	15分	1. 量程选择错误，扣5分； 2. 未清洁，扣5分；清洁不彻底，扣2分	
		外径千分尺校零		1. 未完成校零，扣5分	

续表

序号	考核项目		配分	评分标准（每项累计扣分不超过配分）	得分
3	测量方法	用干净的布清洁轴颈	35分	1. 未清洁，扣5分；清洁不彻底，扣2分	
		正确选择外径千分尺		1. 选择错误，扣2分	
		每个轴颈检测两个截面的最大直径与最小直径，并记录		1. 未能正确选择指定轴颈测量，扣5分； 2. 选择测量截面少于2个，扣2分； 3. 测量数据不正确每项扣2分（误差范围不超过0.02 mm）； 4. 读数时外径千分尺未锁止，每项扣1分； 5. 数据记录不规范，每项扣1分； 6. 未记录，扣10分	
		正确将百分表组装到磁性表座上		1. 未检查百分表指针回位灵敏性，扣2分； 2. 百分表安装不当，扣5分； 3. 轴颈选择不正确，扣5分； 4. 转动时，曲柄与百分表头碰撞，扣2分	
		记录百分表读数		1. 数据记录不规范，扣1分； 2. 未记录，扣10分	
4	测量结果的分析	正确计算圆柱度误差	10分	1. 计算不正确，扣5分； 2. 未记录，扣10分	
5	机械零部件检验结论	正确比较测量数据与规范值，提出维修建议。	10分	1. 判断不正确，扣5分； 2. 维修建议不正确，扣5分	
	合计		80分		

准备与实施

一、工、量具设备的选择

(1) 工位设备：发动机曲轴。

(2) 工具：V形铁、检验平板。

(3) 量具：外径千分尺、磁性表座。

(4) 工位备件：润滑脂、清洁抹布。

(5) 2018年技能高考《曲轴测量》项目设备、工具清单。

项目	设备/工具	品牌	型号规格参数
曲轴测量	曲轴	雪铁龙	Tu5 jp4－1.6 L
	外径千分尺	桂量	25～50mm
	外径千分尺	桂量	50～75mm
	磁性表座	桂量	0～5mm
	千分表	桂量	0～1mm
	V形铁	通用	150mm×40mm×100mm
	检验平板	通用	600mm×900mm

二、曲轴测量考核要点

1. 清洁工作台

要点：

如图 4-5 清洁工作台要全面。

2. 检查 V 型架并清洁

要点：

如图 4-6 所示，检查两块 V 型架的 V 型口最低点是否对准，高度是否一致。

图 4-5　清洁工作台

图 4-6　检查 V 型架

3. 检查曲轴并清洁

要点：

清洁部位为曲轴主轴颈的工作表面。曲轴主轴颈工作表面粘有脏污会引起测量错误，导致测量结果失真。

4. 把曲轴放置 V 型架上

要点：

①如图 4-7 所示，双手握在曲轴两端，不要握住主轴颈的位置。

②水平放置曲轴，不要倾斜，否则会影响测量结果。

(a)　　　　　　　　　　　(b)

(c)　　　　　　　　　　　(d)

图 4-7　曲轴放在 V 型架

5. 检查千分尺并清洁

要点：

①根据使用游标卡尺测量后的数值选用合适的外径千分尺并清洁；

②外径千分尺校零并记录误差。

6. 测量曲轴

测量曲轴主轴径两侧轴径截面直径，每一个截面垂直测两次，一共测 4 次。

要点：

①使用外径千分尺测量曲轴主轴颈直径(测量位置如图 4-8 所示，Ⅰ－Ⅰ与Ⅱ－Ⅱ位置，按曲轴前后测量 4 个数值)；

②测量到数值后需将量具锁止，并将其从测量部位取下后。

7. 记录两个截面四个直径

记录两个截面四个直径，并计算出曲轴主轴径的圆度与圆柱度。

要点：

水平目测刻度后读数。记录并计算出圆度与圆柱度。

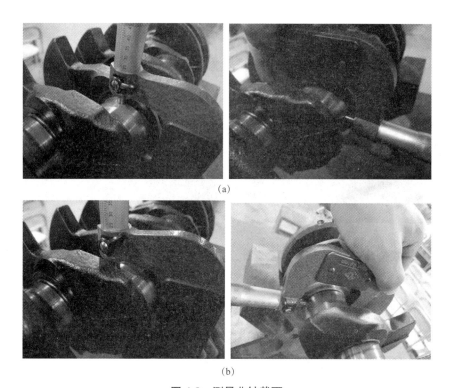

图 4-8 测量曲轴截面

(a) Ⅰ－Ⅰ位置横向纵向测量；(b) Ⅱ－Ⅱ位置横向纵向测量

8. 清洁千分尺并放回量具盒

要点：

将千分尺调到最小刻度，锁止并清洁。

9. 检查百分表并清洁

要点：

①观察表面是否有破损；

②用右手大拇指轻轻地按压百分表的测头，看大小指针是否能灵活转动，若指针卡滞现象，不要继续使用，如图 4-9 所示。

图 4-9 检查百分表

10. 检查磁力表座并清洁

要点：

如图 4-10 所示，检查磁力表座各组成零件是否齐全，是否有损坏。

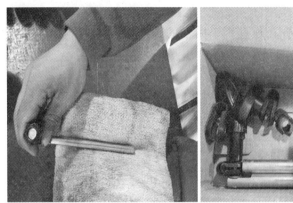

图 4-10　检查磁力表

11. 组装磁力表座

如图 4-11 所示组装磁力表座要点：

①磁力表座 V 型口朝下；

②垫片不能漏转，否则立柱固定不稳，容易滑动；

③旋紧时，用力不要太大，以免损坏旋钮。

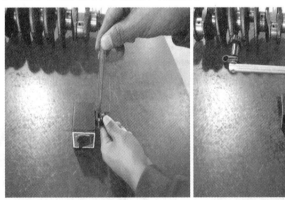

图 4-11　组装磁力表座

12. 安装百分表

要点：

①旋紧螺母时用力不要太大，以免损坏百分表；

②保证百分表与横杆垂直。

13. 移动磁力表

移动磁力表座使百分表垂直主轴径的最高点小指针压缩 1 mm，大指针调零。

要点：

①如图 4-12 所示，调好后，百分表的调整螺母必须锁紧，否则会因为百分表的松动影响到测量结果；

②如图 4-13 所示，测量头必须垂直于曲轴的轴线，抵住曲轴中间主轴颈的径向最高点位置，并要对百分表进行预压；

③如图 4-14 所示，用大拇指和食指轻轻地转动百分表表盘，保证大指针完全对准表盘 0 刻度线。

图 4-12 调整百分表螺母

图 4-13 测量头垂直曲轴轴线

图 4-14 转动百分表表盘

14. 双手转动曲轴一周，观察百分表大指针的偏转

要点：

①眼睛必须平视百分表，如图 4-15 所示。

②百分表比较灵敏，在读数时曲轴要慢慢转动，并且要仔细观察，否则指针摆动较快，不易读数，如图 4-16 所示。

图 4-15 平视百分表

图 4-16 百分表读数

15. 记录曲轴主轴径

记录曲轴主轴径的跳动量，并填写到工单上，如图 4-17 所示。

要点：
①大指针逆时针偏离的最大位置和大指针顺时针偏离的最大位置一定要找准确；
②记录数据时，要注意测量的精度，并填写单位。

16. 拆卸百分表，并清洁放回量具盒

要点：
①如图 4-18 所示，调整百分表的位置，以便拿下百分表，否则容易损坏百分表；
②百分表拿下的时候要轻拿轻放；
③为了防止生锈，百分表使用后需要清洁后涂上一层防锈油。

图 4-17　记录曲轴轴径数据

图 4-18　拆卸百分表

17. 拆卸磁力表座并清洁放回量具盒

要点：
如图 4-19 所示，拆卸磁力表过程中，零件要轻拿轻放，注意不要使零件掉落，特别是垫片。

18. 清洁曲轴，并将曲轴放置工作台

要点：
如图 4-20 所示，取下曲轴时，双手要握紧曲轴的两端，抬起一定的高度，不要使 V 型块翻到。

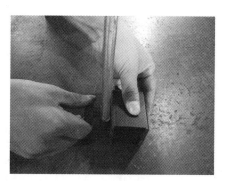

图 4-19　拆卸磁力表

19. 清洁 V 型架，如图 4-21 所示

图 4-20　清洁曲轴

图 4-21　清洁 V 型架

20. 清洁工作台及工位

三、曲轴测量考核工单

1. 曲轴测量评分标准说明

(1)本工位检测曲轴，工、量具的操作要求同发动机气缸测量；
(2)本试卷由3部分组成：工具清点和校准、零件测量计算和判断、工位整顿。

规定时间	25分钟	考核完成时间		满分	80分
考核项目	操作环节	考核要求	分值	评分标准	考核记录
曲轴测量	1. 安全操作	1. 仪器、量具符合安全操作规程； 2. 人员防护符合要求	10		
	2. 量具、仪器、仪表、工具使用的规范性	使用游标卡尺确定量程、清洁外径千分尺	15		
		外径千分尺校零			
	3. 测量方法	用干净的布清洁轴颈	35		
		正确选择外径千分尺			
		每个轴颈检测两个截面的最大直径与最小直径，并记录			
		正确将百分表组装到磁性表座上			
		记录百分表读数			
	4. 测量结果的分析	正确计算圆度、圆柱度（详见记录单）	10		
	5. 机械零部件检验结论	正确比较测量数据与规范值，提出修理建议（参考记录单）	10		
	合计		80		

(3)请按照试卷要求，由前往后完成规定操作，并将操作结果以及测量数据填写在试卷对应位置。

2. 工具清点和校准

(1)清点操作台上的工具，将工具的名称、规格、数量填写到下表。
(2)将以上需要校零的工具名称记录在以下留白处，并完成工具的校零，记录校零后的误差。

序号	工具名称	规格	数量	序号	工具名称	规格	数量
1				6			
2				7			
3				8			
4				9			
5				10			

3. 零件测量、计算和判断

(1)曲轴主轴颈的测量，为确定曲轴主轴颈的磨损状况，请选用正确的测量工具在合适的测量位置，完成测量，并将测量数据记录下表。

(2)根据以上数据，判断曲轴是否能继续使用？（对比给定的标准值，做出详细的判断。）

曲轴测量过程记录单

检测项目	检测部位	检测数据(mm)		曲轴主轴颈直径
		D1	D2	
曲轴主轴颈				
主轴颈圆度误差			主轴颈圆柱度误差	
曲轴径向跳动量			曲轴能否继续使用	能/不能

注：(1)该记录表由学生填写，作为考核评分依据；
　　(2)所有长度单位统一为mm，测量数据精确到小数点后三位；
　　(3)填写该表时间计入考试时间。

4. 工位整顿

四、评价与反馈

1. 任务测评表

评价项目		评价标准	配分	得分
专业知识能力	40分	能够独立完成曲轴磨损量检测	15	
		能够独立完成曲轴变形量检测	15	
		能够根据检测数据给出维修建议	10	
任务完成情况	40分	任务完成情况(圆满完成、基本完成、未完成)	15	
		任务完成质量(优秀、良好、不合格)	15	
		在小组完成任务过程中所起作用(主要、协助、未参与)	10	
职业素养	20分	能够积极主动参与学习	10	
		能够与小组成员团结协作	5	
		能够服从工位安排,执行"6 S"管理规定	5	
综合评议				

2. 总结评价

组别:　　　　　　　　　评分小组:　　　　　　　　　成员:

| 序号 | 评价要素 | 低 | 分值 | | | 小组互评 | 教师评价 | 高 |
			D 1~3	C 4~6	B 7~8	A 9~10			
1	动手操作能力	弱							强
2	团队合作能力	弱							强
3	独立工作能力	弱							强
4	沟通与交流能力	弱							强
5	解决问题的创新性	弱							强
6	对工作的认真态度	不认真							很认真
7	自主查阅资料学习能力	弱							强
8	理论知识的实践运用性	弱							强
合计